2017 年 12 月，零壹空间自研固体火箭发动机即将试车，工作人员正在紧张地试验准备

2017 年 12 月 22 日，零壹空间自主研制的 X 系列火箭发动机整机试车在江西取得圆满成功

2017 年 12 月，零壹空间自主研发的火箭发动机试车成功，CEO 舒畅与发动机合影

2018 年 4 月，零壹空间在重庆召开 OS-X0 暨“重庆两江之星”火箭新闻发布会，介绍火箭的发射情况及研发进展

2018 年 5 月 17 日，OS-X0 暨“重庆两江之星”火箭正在进行发射前最后的起竖工作

2018 年 5 月 17 日，零壹空间自主研发的中国首枚民营商业火箭 OS-X0 暨“重庆两江之星”在西北某基地成功发射

2018 年 5 月，CCTV13《朝闻天下》播出零壹空间 OS-X0 暨“重庆两江之星”火箭首发发射新闻，鼓励民营火箭发展

2018 年 7 月，舒畅接受 CCTV2《财经人物周刊》专访，讲述零壹空间的创业之路

2018 年 9 月 7 日，OS-X1 暨“重庆两江之星”火箭在发射架准备完毕，即将发射

2018 年 9 月 7 日，由零壹空间集团自主研发的第二枚商用火箭 OS-X1 暨“重庆两江之星”在中国酒泉卫星发射中心成功点火升空。这也是零壹空间在国家发射场的“首秀”，民营商业航天公司首次敲开国家发射场大门

2018年12月，零壹空间创始人舒畅、CTO马超在北京召开OS-M运载火箭的技术会议

2018年12月，零壹空间创始人舒畅、CTO马超在技术会后交流探讨OS-M运载火箭的发射安排

2019年3月，零壹空间OS-M运载火箭进行全箭总装合练，CEO舒畅在火箭总装厂房为研发人员加油打气

2019 年 3 月，OS-M 运载火箭圆满完成全系统测试

2019 年 3 月，OS-M 运载火箭即将在中国酒泉卫星发射中心发射，零壹空间团队正在进行火箭总装工作

2019 年 3 月，零壹空间重庆火箭工厂一期竣工，打造了国内首个民营商业火箭智能总装基地，目前一期已投产，具备年产 30 发运载火箭总装测试及相关试验能力

零壹空间 CEO 舒畅与研发工作人员在北京研发中心现场探讨工作

北京零壹空间技术研究院有限公司 5 层茶水间，员工平日里喜欢在此交流、休闲

2019 年 10 月，零壹空间北京团队进行“秋季长征”主题团建活动，通过再走长征路，追忆红军长征的光辉岁月，弘扬伟大的长征精神

2020 年 4 月，零壹空间重庆团队在两江新区龙湾公园进行户外素质拓展活动

2020 年 8 月，北京、西安、重庆三地团队一起举办感恩酒会，庆祝零壹空间成立五周年

2021 年 2 月 5 日，零壹空间自主研发的新型智能火箭 OS-X6B 暨“重庆两江之星”在西北某发射场成功发射，这也是零壹空间完成的第四次火箭发射

零壹空间正在研发的灵龙系列固体运载火箭概念图曝光，该火箭计划于 2022 年发射

到太空去

郝　杰◎著

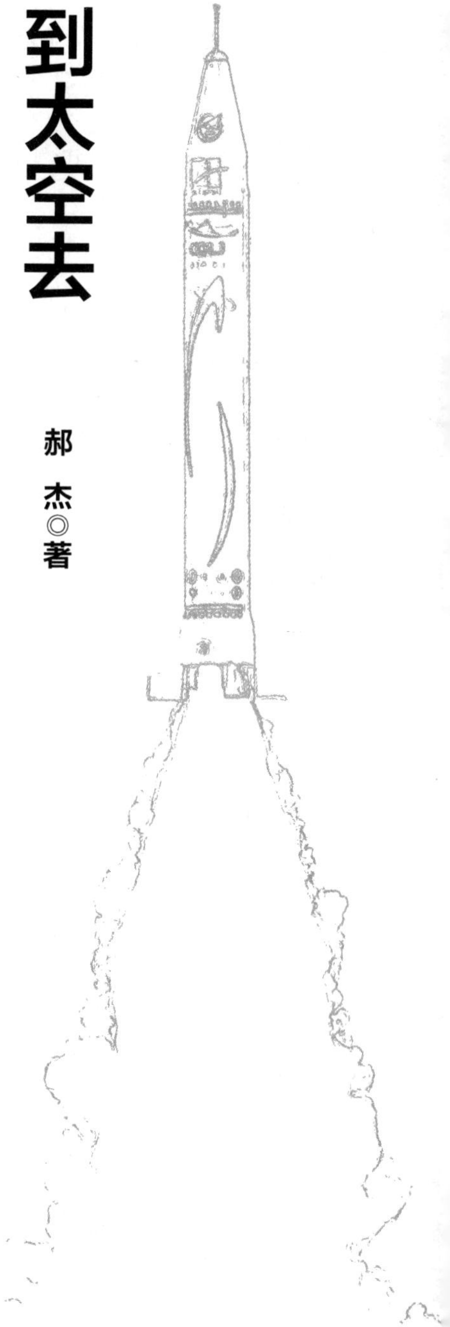

经济日报出版社

图书在版编目（CIP）数据

到太空去 / 郝杰著 . -- 北京 : 经济日报出版社,
2019.12
ISBN 978-7-5196-0651-0

Ⅰ . ①到… Ⅱ . ①郝… Ⅲ . ①企业家－生平事迹－中国－现代 Ⅳ . ① K825.38

中国版本图书馆 CIP 数据核字 (2020) 第 019093 号

到太空去

作　者	郝　杰
责任编辑	郭明骏
责任校对	温　海
出版发行	经济日报出版社
地　址	北京市西城区白纸坊东街 2 号 A 座综合楼 710(邮政编码 :100054)
电　话	010-63567684（总编室）
	010-63584556（财经编辑部）
	010-63567687（企业与企业家史编辑部）
	010-63567683（经济与管理学术编辑部）
	010-63538621 63567692（发行部）
网　址	www.edpbook.com.cn
E - mail	edpbook@126.com
经　销	全国新华书店
印　刷	中国电影出版社印刷厂
开　本	1/16
印　张	11.75
字　数	130 千字
版　次	2021 年 5 月第一版
印　次	2021 年 5 月第一次印刷
书　号	ISBN 978-7-5196-0651-0
定　价	48.00 元

志之难也，不在胜人，在自胜。——《韩非子》

谨以此书，献给所有敢于逐梦的年轻人。

序

2018 年 7 月 2 日晚上，不经意间，我在央视财经频道的《财经人物周刊》节目中看到了一位“造火箭的 80 后”，这个带着书生气、名字叫舒畅的 29 岁小伙子放弃到一家知名企业做高管的机会，执意要做一件令人难以理解的事情：造火箭，并进行商业发射。

这是一个大胆的想法，至少在中国还没有哪个个人要干这样一件事，这正是我对舒畅刮目相看的原因。在别人的嘲笑和不解中，他依然想要在 30 岁前创立一家有意义的商业航天公司：零壹空间。记得这期节目有 40 多分钟，我从头看到尾，期间一动未动。

为了创建这样一个公司，舒畅说服了他在北京航空航天大学读书期间的辅导员跟他一起干。他的一个女同学本来已经在深圳落脚，有着稳定的工作，可还是被舒畅“忽悠”到了北京。让她意想不到的是，当辞去深圳的工作拖着行李箱到北京报到时，零壹空间竟然连一间像样的办公室都没有，公司的一号员工舒畅竟然是在咖啡馆办公。她有些恍惚，但她和其他几个创始伙伴一样，都选择相信舒畅。几个斗志昂扬的年轻人，正是凭着这种信任和对未来的追求，共同走上了从 0 到 1 的创业之路。

然而，这条路真的不好走。如果好走，也就不可能有那么多的人在餐饮、互联网、共享单车等服务业领域里去变革传统行业。造火箭，做中国的马斯克可不是什么人都可以干的，大多数人甚至连想都不敢想。事实也的确如此，舒畅的很多师长、行业里的权威专家都曾经劝他放弃：在中国造火箭都是国家来干的，哪有个人干的，政策上也会受限；另外，造火箭需要大量资金，你们的钱从何而来？还有，技术上的很多难题光凭热情是无法解决的。

舒畅和他的团队不是不知道这些困难，但在他们身上展现的闪光之处就是他们不畏艰难和一往无前的雄心壮志，以及解决问题的决心和毅力。除了技术上不断攻关，舒畅还说服了他在大学期间的辅导员成为零壹空间的 CTO。为了能让懂技术、懂管理的辅导员来自己的公司挑大梁，舒畅连续很多天在北京航空航天大学门口的咖啡馆里等候深夜归来的辅导员，最终，舒畅这种近乎程门立雪的精神和诚意，让辅导员欣然加盟。

万事俱备，只欠东风。这个东风就是资金。造火箭？人家凭什么相信你？凭什么给你钱？一次次地游说，一次次地碰壁，总算有人尝试着投给他们一点钱，可到关键时刻却又撤资了，零壹空间创业者们的心情跌入了谷底。已记不清有多少次的碰壁，终于开始有投资人看好他们的项目，同时也被他们的创业精神所感动。零壹空间早期的投资人认为，支持像舒畅这样的年轻人在高科技领域创业，在基础创新中拼搏的意义不容小觑，他们也相信舒畅们终将在“大众创业 万众创新”的大潮中取得成功。于是，零壹空间的造火箭工程插上了翅膀。

当我在电视上看到零壹空间的火箭发射升空的画面时，我被震撼了，眼角也流出了激动的泪水。那一刻，我作为一个观众，仿佛和他们共同经历了一次举步维艰、跌宕起伏的创业历程，并最终站在了成功的彼岸，与他们一起喜悦。所以，第二天一上班我就安排编辑部马上联系舒畅和零壹空间，希望能为正在创业的年轻人写一本梦想之作，激励我们的年轻人——只要敢想敢干，无所不成！编辑部主任郭明骏很快联系上了舒畅，但舒畅觉得时机未到，同时也因为创业时期的紧张节奏，而致使出版这本书的事情被一拖再拖。

一年过去了，我坐不住了，我跟编辑部主任郭明骏说：“你联系一下舒畅，我要亲自去拜访他。”就这样，2019 年 6 月 6 日，我们坐到了舒畅在北京亦庄的办公室。舒畅跟电视上一样帅气，回答也跟过去一样决绝，三十而立的舒畅依然觉得自己和零壹空间还很稚嫩。在舒畅眼里，把他们的事做成书远比上电视要隆重，毕竟书有树碑立传的感觉，不同于电视只是个新闻而已。

但我告诉他，我们的书不是为他和他的公司而做，而是为成千上万的创业者和梦想者而做。我们无意为他和他的公司树碑立传，我们只想让更多的年轻人像他们一样敢于挑战自我。这不是企业管理书，更不是企业传记，而是一本励志书。我们书写的是一种精神，不是让所有人去发射火箭，但我们希望所有年轻人都有火箭一样的梦想，那就是一飞冲天。终于，舒畅和我们达成了共识，这一趟我也没有白来。

书可以做了，找谁来写呢？我们选中了郝杰，郝杰原来是《中国经济信息》杂志的记者，现在是《中国经济评论》杂志的执行主编，是一名优秀的财经媒体人，曾写下很多优秀的财经文章。这次担纲《到太空去》的著作者也是她写书的第一次，跟舒畅造火箭一样都是开创性的。与此同时，她也很年轻，同样怀揣着灿烂的梦想。所以，这本用近一年时间采访、写作、编辑、出版的作品便有了非凡的色彩。

沿着零壹空间的发展轨迹及其创始人们的人生历程溯流而上，我们希望找到这一波创新力量的根源和脉络。事实上，我们出版《到太空去》的初衷之一，就是希望能够通过舒畅创办零壹空间的历程，让更多有志于立足基础创新的人们深受鼓舞，最终在创新创业的大潮中去成就属于他们这一代人自己的传奇。

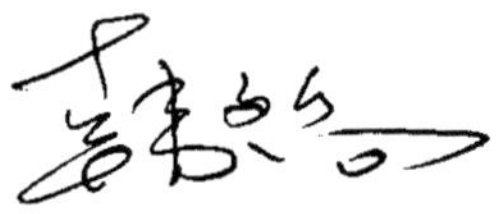

经济日报出版社社长

《中国经济评论》杂志总编辑

2020 年 8 月 19 日于北京

前言

逐梦：星辰大海的征途

一

北京亦庄，这片只有 50.8 平方千米的区域，孕育着中国商业航天的新生力量。因紧邻中国航天人才的“黄埔军校”——中国运载火箭研究院，这里吸引了 20 多家民营商业航天企业选址于此，业务涉及商业航天领域火箭动力研发、火箭和卫星总体设计、配套产品研发、产业供应链及商业运维等各个环节。舒畅和他创立的零壹空间是其中标志性的存在。

舒畅的履历很光鲜，从北航到北大，从航天产业基金到联想控股，他身上不仅带着学霸的光环，更是一个从小就具有敏锐商业嗅觉，有连续创业经验的青年先锋，“Something different，something big”是他一直追求的创业信条。

夏日一个午后，在北京亦庄大族企业湾附近的一家咖啡厅里，我见到了舒畅。白色 T 恤配浅色亚麻短裤，一身休闲装扮，身体侧倚在沙发上，这个被媒体称为“中国版埃隆·马斯克”的“85 后”创业者坐在我对面，思维敏捷，侃侃而谈。谈到感兴趣的话题时，他会直起身子，语速加快，神采飞扬；谈到专业领域的话题时，他又可以迅速切换到“CEO”模式，有一种让人信服的逻辑和气场。

“为什么是我们？”

在近两个小时的交谈后，舒畅抛出了这个问题。

为什么是零壹空间？为什么这本书的主角是他们？为什么要在这个时刻记录舒畅与零壹空间的创业故事？这个问题舒畅不仅在问我，其实也是在问自己。

在后来的几个月中，我采访了 20 多位人士，包括零壹空间联合创始人、初始团队核心人员、副总裁级别的高管、部门总监以及普通员工，还走访了航天领域的专家、老师、投资人，在数小时的交谈里，我试图找到这个问题的答案。

二

舒畅生于 20 世纪 80 年代，中国航天在那时初试商业化。1985 年 10 月，中国政府向世界正式宣布：长征系列运载火箭将投放国际商业发射服务市场。1990 年 4 月 7 日，中国用长征三号火箭成功发射了美国休斯公司的一颗卫星，标志着中国运载火箭自此迈入国际卫星发射市场。但遗憾的是，这种商业化尝试仅限于国家队的主导范围，和私营企业无关。

与中国不同，20 世纪 80 年代对于美国商业航天来说，是一个分界线。在这之前，美国航天活动基本为政府主导。到了 1984 年，美国政府颁布《商业太空发射法案》，允许民间自行发射火箭，并宣布，为了让太空事业利于大众，要求美国宇航局尽最大努力发掘太空商业价值。这意味着，美国政府开放了航天领域的入口，民营企业也可以参与进来。此后接连的政策支持，使得大量的私营太空公司像雨后春笋般冒了出来。

而中国的民营企业有机会进入航天领域发展，是在 30 年后。2014 年，21 岁的胡振宇成立翎客航天，获得中国民营商业航天历史上的第一笔投资，成为媒体口中“火箭垄断市场的闯入者”“民营航天拓荒者”。也是在那一年，舒畅下定决心“造火箭”。

2014 年年底，国务院发布的相关文件（《促进军民融合式发展的指导意见》《关于创新重点领域投融资机制鼓励社会投资的指导意见》等）中提到，“鼓励民间资本研制、发射和运营商业遥感卫星”；2015 年，军民融合正式上升为国家战略。政策的利好预示着中国的商业航天市场将被打开。

三

2015 年 8 月，舒畅创立零壹空间科技集团有限公司（One Space），成为中国第一家营业执照上写着“运载火箭及其他航天器”

的商业航天民营企业。

举旗容易，探路难。中国商业航天市场的大门已经打开，进去之后怎么走？没有人知道，没有可复制的经验，没有可借鉴的模式。好在，有一群和舒畅一样胸怀理想的年轻人加入了这支队伍，成为这场浪潮中不可或缺的中坚力量。

2018 年 5 月 17 日，零壹空间成功发射了中国首枚民营企业自主研发的商业亚轨道火箭 OS-X“重庆两江之星”，三个月后，又成功发射了第二发 OS-X1 亚轨道火箭。

媒体蜂拥而至，领导参观视察，各路采访报道涌向这家年轻的公司和它的创始人舒畅。“中国的 SpaceX”成为媒体最爱使用的标题前缀，人们看着报道津津乐道，原来除了国家队，民营企业也可以造出火箭，中国的马斯克出现了？

在电动汽车、太阳能板、火箭三大领域同时取得成就，马斯克已然接过乔布斯的衣钵，在全球创业者中掀起效仿的热潮，成为新一代的创新偶像。在中国，人们也期待出现这样一位梦想家与创造家，实现突破性的成就。舒畅与零壹空间团队发射的火箭，点燃了他们的希望。

当然，无论从外表、性格、创业经历等各方面来看，舒畅与马斯克都没有太多相似之处，但在商业航天领域，他们所经历的事情却有着相似的巧合，有相似的成功，也有相似的失败。

2002 年，埃隆・马斯克创立 SpaceX 公司，改变了美国商业航天市场的格局。但成功不是一蹴而就的，在航天领域，没有人能保证发射万无一失，即便前期准备再充分的火箭，也有可能遭遇发射失利。

马斯克团队开发的可部分重复使用的猎鹰1号运载火箭，可以说命运多舛。历时6年，经历三次发射失败，终于在2008年9月，第四次发射成功。

尽管已有两次成功发射的经历，舒畅和团队却也没能避免和马斯克团队相似的失败遭遇。

2019年3月27日，零壹空间自主研发的OS-M系列首型商用运载火箭在中国酒泉卫星发射中心点火发射，火箭一级飞行正常，一二级分离正常。一二级分离后，火箭姿态失稳，发射失利。

民营火箭发射分为两种：一种是商用亚轨道火箭，无载荷入轨的能力。OS-X火箭暨“重庆两江之星”是其中的成功代表。第二种是运载火箭，用于将人造地球卫星、载人飞船、空间站等有效载荷送入预定轨道。从商业价值来看，运载火箭具有更广阔的市场前景，但内部结构也更加复杂，是民营火箭企业必须跨过的坎儿。

OS-M发射失利的原因初步确定是箭上速率陀螺在火箭飞行45.68秒后出现故障，导致火箭姿态发散。

这次失败让舒畅和团队开始放慢脚步，重新归零。

四

硅谷风投家、PayPal联合创始人彼得·蒂尔在其畅销书《从0到1》

中写道，进步可以呈现两种形式。第一，水平进步，即照搬已取得成就的经验，直接从 1 跨越到 N。水平进步很容易想象，因为我们已经知道了它是什么样。第二，垂直进步，也称为深入进步。意思是要探索新的道路，从 0 到 1 的进步，这需要尝试从未做过的事。

追求从 0 到 1 的进步，是舒畅创立零壹空间的初衷，也是公司取名为零壹的主要原因。

四年间，舒畅带领零壹空间团队摸索前进，但这条路比想象中的艰难，行进速度比想象中缓慢。尽管已经成功发射两次 OS-X 系列亚轨道火箭，但运载火箭的成功首发，却被同行业另一家民营企业抢了头筹。很快，国家队成功发射的捷龙运载火箭等也正式进入商业航天市场，加入了这场竞争大潮。

零壹空间的发展脚步似乎开始放缓。

“如果你把短期增长看成重中之重，就会错过最重要的问题：10 年之后，你的公司还能存在吗？”彼得・蒂尔在《从 0 到 1》中提出问题。

和其他民营航天企业的创始人不太相同的一点是，舒畅是既懂航天，又懂商业的。在创业过程中，他深刻体会到，商业航天是个烧钱的工程，对于民营航天企业来说，如何实现自我造血尤为重要。在实现航天梦之前，如何活下去，是一个必须解决的问题。这让零壹更早开始了自己的商业化进程，建立了以客户为中心，持续研发投入，打造员工命运共同体的核心价值观，并深耕产品价值创造。

面对竞争对手和国家队带来的双重压力，舒畅和团队并没有自乱阵脚，而是把创业当作长跑，带领零壹空间在自己的节奏中稳步前进。团队从最初的几个人到现在的 200 多人，业务从最初的单一火箭发射到现在的 3 家子公司，六大技术领域，专注火箭技术的转化服务，客户遍及全国各地，融资额达到亿元级。

2019 年，零壹空间收获了一个亿的订单，这其中就包括宇航业务和火箭技术服务的业务，2020 年预计会有更多的营收，并计划在近几年上市。

五

1956 年，著名科学家钱学森向中央提出《建立中国国防航空工业的意见》，当年，我国成立中华人民共和国航空工业委员会，统一领导了中国的航空和火箭事业。1970 年，中国首枚运载火箭“长征一号”搭载着中国第一颗人造卫星“东方红一号”成功发射升空，成为中国航天史上的里程碑。

中国航天从筚路蓝缕到星辰大海，历经 60 年耕耘，但商业航天却刚刚起步。

梳理中国商业航天的发展进程，你会发现，在这段并不算长的历史里，舒畅和零壹空间都是绕不开的一个存在。他们为中国商业航天揭开了幕布，冲锋在前，无所畏惧。他们摸索方向，不断踩坑，遭遇了政策限制、融资艰难、人才流失等各种困境。先行者是孤独的，没有外援，只能自我造血，积蓄后发的力量。

这是一条从 0 到 1 的路。团队组建从 0 到 1，融资队伍从 0 到 1，发动机自研从 0 到 1，商业模式探索从 0 到 1，产业链打通从 0 到 1，一切都不是复制。

这是一条没有人走过的路，他们经历着预想不到的艰险，一步一步趟出属于中国民营商业航天的发展路径。

这个过程值得被记载。

一群热血青年胸怀理想、逐梦星辰，在中国商业航天发展史上留下宝贵印记，正书写着属于中国民营商业航天从 0 到 1 的创业新篇章。

目录

引子

到太空去——首飞成功

“会尝试让中国人坐上你们的火箭去俯瞰祖国吗？”记者问。

“我们眼下确实做不到。”舒畅顿了一下，身体前倾，“以后，为什么不做呢？”

2018年2月7日，美国太空探索技术公司（SpaceX）的“猎鹰重型”火箭携带一辆红色2008款特斯拉Roadster跑车，播放着《Space Oddity》，从卡纳维拉尔角的约翰·菲茨杰拉德·肯尼迪国家航天中心LC-39A发射工位成功发射升空，成为全球现役运载能力最强、可重复使用的运载火箭，令人类移民火星成为可能。

对于美国航天业来说，猎鹰重型火箭的成功发射意味着在航天飞机退役后，美国人又一次有了将宇航员带入太空的能力。作为目前世界上运载能力最强的火箭，猎鹰重型火箭的运载能力是目前最大火箭的两倍，它的成功发射意味着人类探索太空的一个新开端。马斯克希望通过猎鹰重型火箭搭载Dragon飞船、实现载人环游月球轨道并安全返回地球的计划。

“猎鹰重型”火箭的发射成功再次证明，随着航天时代的到来，民营企业进行航天运载器的研制不仅可行，而且可以达到世界领先的水平。

在中国，也有一群充满激情的创业者们受到 SpaceX 的激励，在商业航天路上大步前进。零壹空间走在这支队伍的前列，从 2015 年成立到现在，他们已经做好了准备，3 个月后，即将迎来属于中国商业航天自主研发火箭的首飞之旅。

首飞火箭为 OS-X 系列亚轨道火箭，命名为“重庆两江之星”号，定于 2018 年 5 月发射。

2018 年新年伊始，零壹空间的火箭总装团队就开始了马不停蹄，没有假期的发射前准备工作。唯一例外的是在清明节休息了半天，但休息原因却是因为公司停电，当天整个团队已经来公司上班，但工作时临时停电，有的同事打着手电筒，坚持把一些重要的手头工作做完。没有人被强迫加班，但每个人都在争分夺秒，这一切都是为了保证首飞的成功。

距离首飞发射还有十多天的日子，负责火箭发射和总装的工程师们提前到达发射基地，由于当地天气比较干燥，风沙很大，再加上每天高强度、高负荷的工作及巨大的心理压力，团队中有些成员开始水土不服。一天晚上，两名同事过生日，为了给他们制造惊喜，零壹空间团队在发射场附近安排了晚饭，还悄悄买了生日蛋糕，当大家把灯熄灭，唱着生日歌把点着蜡烛的生日蛋糕推到两个寿星眼前时，其中一个同事突然捂着鼻子抬起头，大家还以为他感动得哭了，没想到他说：“快，我流鼻血了。”一时间大家都愣住了，随即大笑了起来，这些天的压力似乎在这一刻得到了难得的释放。

首飞当天凌晨，组装厂房里灯火通明，即将发射的这枚火箭在等待装车运往发射基地。“大家有没有信心？”火箭总装团队负责人的声音在厂房回响，“零壹空间，首飞必胜！”11位火箭总装工程师的声音响亮整齐，口号振奋人心，首飞火箭在夜色中被运往发射基地。

天色慢慢变亮，天空晴朗无云，似乎也在为零壹空间的首飞助力。零壹空间的员工、投资人，以及受邀而来的各路媒体和嘉宾们，陆陆续续地进入会场，等待这一重要时刻的发生。

负责本次首飞操作和监测的各关键部门负责团队坐在测控大厅，而在距离测控大厅不远的另一个指挥中心，可以进行大屏的实时直播，这里是负责讲解和主持的团队以及投资人、媒体和嘉宾们观看火箭首飞的地方。还有一些人则聚集在发射场地附近的一块露天区域，在现场观看火箭的发射升空。

“各号注意，负30分钟准备。”很快，距离正式发射仅剩下半个小时的时间。在测控大厅第一排的各部门负责人面色严肃，神情专注地检测着每一项数据，做好最后的准备工作。在另一个指挥中心，联合创始人马超连线测控大厅的实时直播，开始了对火箭整个测试和发射前准备工作的解说。

“各号注意，负15分钟准备。”时间又过去15分钟，这是发射前的最后一轮准备工作。李晓飞和姜海涛成为最后从火箭发射点位撤离的人员。作为 OS-X 火箭总体设计的负责人，李晓飞在离火箭不远的箭上通讯设备做了最后的操作，在距离发射 15 分钟时回到了测控大厅，进入数据判读岗位，检测数据是否正常。而姜海涛作为媒体宣传负责人，需要为发射过程留下视频影像，在距离发射还有 15 分钟的时候，他打开了距离火箭发射点位最近的两台视频设备，随后回到露天区域，和其他人一起等待火箭的发射升空。

在测控大厅里，随着倒计时 15 分钟的播报，所有人都比之前更紧张了。周志远双手交叉做祈祷状，旁边的同事身体挺直，深吸了一口气。每个人的眼睛都紧盯着面前的大屏幕，空气里弥漫着紧张和期待的气息。

“5，4，3，2，1，点火！”

随着倒计时的播报，姜海涛看到一个火光亮起来，随后听到一声巨响，火箭升空了！露天区域的人们看到火箭在天空划过一段漂亮的痕迹，姜海涛还来不及反应，已经被周围人的欢呼声和尖叫声包围。

在测控大厅里的李晓飞听到了外面的欢呼声，但他却还是一直保持紧绷的状态，紧盯着火箭的飞行数据和轨迹、姿态，没有一丝松懈。

在指挥中心的马超停止了解说，紧盯着直播屏幕上火箭的轨迹和信号追踪。作为这场直播的主持人，在倒计时后，于悦的眼睛就紧随着火箭的信号，有几秒信号突然没有了，她的心瞬间提到了嗓子眼，但看了看旁边的马超，内心重新有了底气，很快，信号重新回来了。

王伟毅坐在最后一排，作为这次火箭控制系统的负责人，他更为火箭的转弯姿态捏一把汗，这是这次发射的一个难点所在。不过，短短两秒之后，火箭从起飞到完成了一个漂亮的转弯，姿态控制没有出现问题，王伟毅悬着的一颗心总算落地。

2018 年 5 月 17 日 7 时 33 分 31 秒，零壹空间自主研发的商业亚轨道火箭 OS-X 型“重庆两江之星”点火升空，7 时 38 分落入预定区域。飞行历时 306 秒，光学测量、雷达测量和遥感测控一切正常，达到预定试验要求，可靠获取全部重要试验数据，试验成功。

宣布发射成功的一刻，测控大厅里的工程师们脸上终于露出笑容，他们从座位上跳起来，和身边的同事拥抱，眼眶充满了激动的泪水。李晓飞长出了一口气，终于放松下来，此前他也经历过大大小小的火箭发射，但都没有这一次紧张激动，这样有成就感。

周志远依然坐在座位上，但眼泪已经控制不住，流了下来，他没有去擦，在他的印象里，他只有小时候这样哭过，长大之后，这是第一次哭得如此“失控”。他转过头，看到了站在后排的舒畅，两人相视一笑，周志远走过去，轻轻拥抱了舒畅，没有说什么话，此刻却都能感同身受。

在指挥中心，人们也都在为发射成功而鼓掌欢呼，马超悬着的一颗心终于放下了，于悦则一边主持一边激动地哽咽，主持结束后，她发了朋友圈，说这是自己非专业主持生涯中最荣幸的一次经历。王伟毅并没有让自己的激动情绪表现得太明显，在火箭发射成功后，他第一时间拿出手机编辑了一条微信发给了家人，和他们分享成功的喜悦。

从立项到首飞成功，零壹空间只用了不到一年的时间。“重庆两江之星”的发射，不仅达到了客户的所有要求，这次的飞行试验还进行了“减阻杆”“箭上无线通讯”等创新技术的研究，为简化火箭系统设计、降低研制成本打下基础。

“重庆两江之星”的发射成功给中国商业航天添上了浓墨重彩的一笔。民营企业、自主研发，这两点就足以使其成为里程碑式的时刻。一支成员平均年龄仅有 30 岁的科研团队，三轮社会资本的推动，重庆两江新区的制造助力，以及对传统航天产业供应链的突破与重建，这一切成就了首枚民营自研商用亚轨道火箭的发射成功。

中国的商业航天史从此掀开了崭新的一页。这一页，由以零壹空间领跑的民营企业书写。

第一章

创业的基因

创业不易，这是一条充满未知和挑战的路。只有一个想法远远不够，创业还需要商业知识、资源、人脉、资金的积累。创业者需要把这些短板一一补足，谋定而后动。

——舒畅

“10、9、8……5、4、3、2、1，点火！”早上6点30分，酒泉卫星发射中心，随着“点火”口令的下达，一条巨型的“火龙”呼啸着向太空飞去。

这是1999年11月20日，中国第一艘载人航天试验飞船“神舟一号”发射成功，为中国的航天事业又增添了一座新的里程碑。这一天，人们守在电视前观看直播，见证这激动人心的时刻。少年们仰望天空，在脑海中想象着光年之外的太空遨游。

这一年，舒畅14岁。那时他还并不知道自己未来会做什么，能做什么，更不会预知，十几年后，他会创立一家商业航天公司，开启逐梦星辰的征途。

不过，创业的种子已先在这少年时代悄悄播下了。

埋下一颗创业的种子

1985 年的冬天，舒畅出生于中国湖南省岳阳市，父母经商，他还有一个相差 4 岁的弟弟。

20 世纪 80 年代，在邓小平的推动下，中国打开了对外开放的窗口，大量国家投资和国际资本进入中国南方，经济复苏的发动机启动起来，社会慢慢走向开放。“时间就是金钱，效率就是生命”，在这样一个“时不我待”的大时代中，舒畅这一代青年人迅速成长。

那时候，由于父母经常外出跑生意，去广东、河北等地，很长时间不在家。

还在上初中的舒畅很快独立承担起照顾弟弟的重任。在弟弟的印象里，舒畅是“长兄如父”的角色，像一个大人一样，自立有担当，照顾他的生活和起居，给了他足够的安全感。

弟弟舒明回忆起小时候的一次受骗经历，印象深刻。“一个远方亲戚来我家，说是帮我们给在外地做生意的父母带点钱过去，总共几千元。我们很相信他，但最后那个人却拿钱跑路了。”舒明听到这个消息之后急哭了，不知道该怎么办，那时候舒畅却表现很镇定，一直在安抚他的情绪，给他打气，“但后来我听邻居说，他自己在外面也偷偷哭了，并没有让我看到。”

从小作为弟弟的保护伞，让少年时代的舒畅，比同龄人更成熟、独立，也更早去思考自己的人生。

当时的中国正处于改革开放初期，很多敢于“吃螃蟹”的人选择下海、外出打工，做“倒爷”“外来妹”，成为第一批“先富起来”的人。舒畅的父母也投身于这场经商的大潮中，做一些水果、木材方面的生意，但收益并不理想。

那时候做生意今天赚，明天可能就赔。“晚上父母回到家里，都会讨论今天是赚还是赔，我就在房间里一边听一边思考，如果是我来做生意会怎么样？”后来，舒畅聊起他有这种意识是在初中，舅舅在南方做酒店生意，他也会去帮忙，长期在这种家庭氛围中，让他觉得，做生意是一门大学问，他会经常思考，如果是自己来做，会不会做得更好？

创业的种子在这时就已潜移默化地播下，对于商业的意识与敏感，舒畅一直很有自信，这种自信很大程度上来源于少年时代，父母对于他照顾弟弟、经营家庭的毫无保留的信任。在父母眼里，舒畅是一个从小做事就果断、争强好胜，天不怕地不怕的孩子，他对于事情的判断都会得到父母的支持。这种信任也让舒畅更独立，更懂得自我思考。

但唯一有分歧的是，创业这件事并不是父母一开始希望的，“他们以为我未来会成为一个工程师、科学家，为什么不能做一份稳定的工作，非要去做生意？做生意多苦多累，何必呢？”

父母走过的路并不顺利，舒畅看在眼里，当然知道这条路会充满多少艰难险阻，但他似乎并不畏惧，他一定要努力试试看，自己到底能走出怎样的一条路？

这是一条从 0 到 1 的路，他要找到自己的“1”。

非典型“学霸”

在湖南省岳阳市古城西门城墙之上，岳阳楼于此，下瞰洞庭，前望君山，有“洞庭天下水，岳阳天下楼”的美誉。岳阳建城始于公元前505年，是有着2500多年历史的文化名城。岳阳楼建于公元220年前后，北宋范仲淹脍炙人口的《岳阳楼记》使岳阳楼闻名于世。“先天下之忧而忧，后天下之乐而乐”，成为岳阳精神的最好诠释。

岳阳楼旁，坐落着岳阳市最好的中学——岳阳市一中，舒畅的高中时代在这里度过。

舒畅是个非典型“学霸”。从小学习成绩优异，在弟弟舒明的印象里，哥哥从小学到初中排名都是年级第一，“领先第二名很多分。”是他学习的榜样。

但在初中，舒畅的学习风格并不属于稳健型，而是“边玩边学”的状态，尽管这样，他还是总能保持年级第一的成绩。舒明回忆起那时候的哥哥，“有一次他数理化加英语四科都考了满分，他就穿拖鞋去了学校，因为他的成绩都这么好了，不会有老师说他。”

初中毕业后，舒畅轻松考上了当地最好的中学，岳阳市一中。这一年，从另一学校初中毕业的周志远，也考入了这所中学，成为舒畅同届的校友，在几年后，他成了舒畅创立零壹空间的初始团队核心成员之一。

进入高中，舒畅并没能延续初中的“风光”。当时的高一年级有

12 个班，舒畅所在的班级是 302 班，但高一的一次考试成绩，给舒畅浇了一大盆冷水。班级排十几名，年级排 108 名，舒畅始终记得这个名次。曾经在初中蝉联年级第一的学霸，如今滑落到这样的名次，这让他不能接受。这次的成绩也让他没能考上当时学校在年级设置的奥赛班，302 班考上了 4 个学生，而同届的周志远也通过选拔考试成为奥赛班的一员。

舒畅意识到，周围都是比自己更优秀的人，他必须奋起直追。在舒明的记忆里，那段时间的舒畅“发了疯”一样地学习，每天回家学习到很晚，“经常到凌晨一两点，我起来上厕所的时候，看到他还在学习。”

追求极致，让舒畅的成绩从高二开始渐渐上升到名次榜前端，很快重新拿回了年级第一，在老师和同学间成为焦点人物，同时也吸引了周志远的注意。

很多年后，当舒畅的高中班主任刘老师回忆起自己带过的这届学生时，都还对舒畅印象深刻，“他很聪明、思维敏捷，各科均衡发展，各科成绩都好。”在平时和同学相处中，“性格开朗阳光，热爱集体，喜欢帮助同学解决学习上的问题。”

之所以说舒畅是非典型“学霸”，是因为他除了学习之外，并没有放弃自己的业余生活，而是抓住每一个机会发光发热，展现了学习之外的魅力。

高一下学期，通过无记名投票竞选，舒畅以最高票当选为 302 班的团支部书记，在这个位置上展现了自己良好的组织和演讲才能，这使得 302 班的团支部每年都会被评为优秀团支部。高二之后，适逢学校选拔校团委副书记，10 人参加竞选，学校里的 120 个团干部参与投票，舒畅凭借出色的演讲才能，以现场最高票数 116 票当选，这大大增强了舒畅在口才与演讲方面的自信。

学生工作之外，舒畅也没有放过在文艺与体育活动中展现优势的机会。他喜欢参加篮球比赛、文艺汇演。班主任刘老师至今还记得，在学校举办的一次元旦文艺汇演中，由于没有找到老师帮助指导，舒畅就组织带领班里的同学自编自导自演了一出音乐剧，仍然达到了不错的演出效果。“参加我们学校的元旦文艺汇演难度堪比春晚”，刘老师笑着回忆，“别的班一个节目都拿不出来，我们班却拿出来两个，我印象很深刻的是，舒畅他们的音乐剧很棒”。

周志远对高中时期的舒畅的印象是“很主动”。高一时，他和舒畅并不认识，通过三轮考试，他进入了年级的奥赛班。周志远并不是善于主动和别人打交道的性格，一直到高二，两个人仍没有过交集，直到舒畅主动过来和他打招呼，两个人才算认识了。

高中时期的舒畅，已经开始展现出自己的潜力与特质。“我知道舒畅未来一定不是一个平庸的人。”班主任刘老师感慨地说。这种笃定来源于高中时期，舒畅在学习中的坚持不懈和执着；来源于他独立照顾弟弟的成熟与担当；还来源于他对老师的感恩和对同学的支持帮助。

回望舒畅少年时成长的轨迹，出生于变革迅速的大时代，成长于承上启下的新世纪。21 世纪是中国的世纪，北京申奥成功、加入

WTO、上海 APEC 会议，中国的一切正在焕然一新。

放眼世界，中国依然相对落后，正猛力追赶。以航天事业为例，早在 20 世纪 80 年代，1984 年，美国政府就颁布了《商业太空发射法案》，允许民间自行发射火箭，并宣布，为了让太空事业利于大众，要求美国宇航局尽最大努力发掘太空商业价值。这拉开了美国商业航天的大幕，政策推动催生了一大批私营太空公司参与航天事业。其中最著名的莫过于 2002 年，埃隆・马斯克成立的 SapceX 公司，成为民营航天企业中的翘楚。

而同时期的中国航天事业，却依然在国家队的主导范围中，商业航天还没有自己的名字，更没有民营企业参与的空间与政策。

高中毕业后，舒畅以优异的成绩考入北京航空航天大学，学习飞行器设计专业。这是他第一次实质上接触航空航天，正是大学的四年经历，奠定了他最终选择投身商业航天事业的基础。

敏锐的商业嗅觉

2004 年，舒畅走进了大学的校门。那年的中国实现了连续八次成功的航天发射，拥有了属于自己的实力雄厚的运载火箭家族。

彼时的舒畅，在北京航空航天大学航空科学与工程学院，就读飞行器设计专业，学习、设计、画图成了大学生活的日常。除此之外，作为一个“非典型理工男”，舒畅还积极参与各类文艺活动，在校合唱团唱歌，在业余时间弹弹吉他，享受属于大学的恋爱时光，大一转眼过半。

告别了高中的紧张压力，在大学追求放松与自由，很多人把大学当作“避难所”，但在大一下学期，舒畅却陷入迷茫。如果按照现在的专业做职业规划，未来的主要工作便是画图设计，舒畅看到这样的未来，觉得“不足以实现我的抱负”，他需要给自己的人生找个新的方向。

大一的下半学期，舒畅是在学校的图书馆度过的。人在迷茫时，读书能够帮你找到答案。他翻阅大量的人物传记、企业传记，看别人的故事，看企业的成败，那颗少年时代埋下的种子，在他心里开始真正萌芽。

“我适合创业吗？我能创业吗？”舒畅在心里反复自问。当然，实践是检验真理的唯一标准。舒畅决定亲身实践，通过一个独立的创业项目来检验自己，在没有任何经费支持的情况下把项目做起来。

发现需求是一个创业者必备的素质，这一点得益于从小的家庭影响，舒畅的商业嗅觉非常敏锐，他很快找到了需求的入口。

作为岳阳市一中毕业的优秀学子，舒畅希望自己的第一个创业项目能够回归母校，为即将和他一样面临人生选择的学弟学妹们打开通向未来的窗口。舒畅很快联络了一批和他同届的优秀毕业生，组成一支教师团队，分学科授课，但教课内容并不是普通的学习培训，“我不希望这些孩子只知道高考，别的都不知道，”舒畅回忆起那时的初衷，高中生对未来是没有概念的，“所以我会讲很多有意思的东西，比如数学的未来到底是什么？高中的知识到大学是什么样子？给他们传递学习的方法和理念。”

姜海涛也在舒畅的邀请下加入了这个团队。他和周志远初中时同班，成绩稳居榜首，通过选拔考试考上了湖南省最好的高中之一——湖南师大附中，就读于面向全省招生的奥赛班，在高中时期获得湖南省物理奥林匹克竞赛一等奖，被清华大学自主招生录取，学习电气工程专业。几年后，他和周志远一样成了零壹空间早期核心团队的重要一员。

姜海涛回忆起这段夏令营的时光，感慨很深。“当时在日本有一个非常火的电视剧叫《龙樱》，讲述的是被学校放弃的差生，在老师的帮助下，通过努力最后考上了理想的大学，是很励志的故事。所以我们当时决定为这个夏令营起名叫‘龙樱计划’。”

2006 年暑假，这个名为“龙樱计划”的夏令营为岳阳市一中的学子带去了一份清凉。第一届便有 50 多个学生报名参加。当然，这并不是公益活动，而是一个创业项目，在没有资金的情况下把一件事做起来，商业可持续是检验项目的重要指标。舒畅在夏令营采取了合理收费模式，但收费所得没有到舒畅的手里，而是汇总到班委处，扣除平时的成本花费，剩下的作为班费运营。

“龙樱计划”在岳阳市一中反响热烈，得到了学生和老师、家长的支持。报名参加的学生都成了舒畅的“粉丝”，他们亲切地称呼舒畅为“大舒”。这个夏令营虽然很小，但五脏俱全，需要兼顾的事务繁多。作为一个大学生，舒畅的这次创业尝试也受到了很多人的嘲笑和质疑，说他“年纪轻轻不好好上学”。

但让舒畅感到骄傲的是，尽管自己因为学业压力没能继续主导夏令营的举办，“龙樱计划”却在不同人的坚守与传承下一届一届持续到了现在。班主任刘老师也很认可，“现在‘龙樱计划’每年都在岳阳市一中做一个为高考学生加油的活动，社会反响特别好。”

“龙樱计划”的成功让舒畅坚定了自己创业的自信与能力，也极大地打开了舒畅在校友圈的知名度，收获了很多人的认可和信任。“我那时候觉得自己太棒了，飘飘然，一门心思想创业，甚至不想继续学飞行器设计，有了退学创业的念头。”

那个阶段，舒畅时常得意于自己敏锐的商业嗅觉，并且不断验证和强化着这份自信。

当时，北航一个学生澡堂附近，有一个破旧的小卖部，相隔不远的地方，还有一家超市，货品齐全，价格不贵，学生可以刷卡购物，相对规范。但奇怪的是，这家超市自从开张之后，生意一直不好，学生很少光顾，反而是澡堂附近的小卖部生意兴隆，学生们都去那边买东西。每天都从这条路上经过的舒畅，看到这个现象，觉得奇怪，于是去做了一番调研。

在和超市老板交谈一番之后，舒畅找到了解决方案，他知道，这是由消费者习惯导致的一种惯性。他给了超市老板一条建议：每天早上把早餐摆在路边，培养学生新的消费习惯，通过买早餐，他们会知道你这里的东西既好吃又便宜，以后就都会从超市买东西了。

超市老板觉得有道理，采纳了他的建议，照他说的去做。过了一段日子，舒畅发现，超市的顾客增多，生意真的渐渐好起来。

创业的脚步并没有停下。“龙樱计划”夏令营结束后，2006 年的秋季，他很快找到了新的创业需求——送餐服务。

那时候饿了么还没有成立，没有成规模的送餐服务与便利的外卖点餐系统。舒畅就已经发现了普遍存在于学生中的“痛点”。

北京的秋冬季节，干燥寒冷。大部分大学生喜欢宅在寝室，不爱出门。身为南方人，舒畅也了解南方学生不爱吃大锅饭的习惯，那何不建立一支送餐队伍，为这些不出门或吃不惯北方饭菜的学生服务呢？他简单计算了一下成本，当时吃饭一个人需要花费四到五元，如果送餐的话，收费 8 元，其中 3 元是配送费，这个价格对于学生来说应该可以接受。

有了这个想法，舒畅开始计划第一步，选择一座宿舍楼进行调研，做试点。他随机选择了一座宿舍楼，一个人开启了扫楼模式。不仅设计了一张送餐名片，上面标有送餐信息，还设计了一份调查问卷，分到每个宿舍，了解学生喜欢的菜品种类，同时把名片散发出去，收集到足够多信息和数据后，开始试水送餐服务。

“龙樱计划”时，舒畅并不是以赚钱为目的，所以并没有获得太多收益。而这次的送餐项目，需要启动资金 1 万元，他只能从父母和朋友那里借钱，在学校附近租下一处民居，找来两个做饭的厨师，还从家乡召集了一些不再读书的初中同学做配送员。没有互联网的时代，小灵通手机成为接收订单的唯一渠道。就这样，舒畅的送餐服务正式开启了。

订单的火爆程度超出了舒畅的预期。每天的订餐电话响个不停，最高峰时期每天可达到几百个电话订单。送餐服务进行得非常顺利，通过口口相传，送餐地点也从楼内扩展到楼外，甚至操场，订单量持续暴增，面对这种良好的发展态势，舒畅再度产生了退学创业的想法。

但与此同时，困难来得也比预想的更快。2006 年 11 月，北京进入冬季，温度骤降，还伴有冰雪。客观环境的变化引发两个难题：一是在电动车还没盛行的年代，恶劣天气下送餐员用自行车送餐难度加大。二是菜品受天气影响，很容易变凉，影响顾客的用餐口感和体验。

如今来看，这两个问题都已经在送餐服务中解决，不算大问题。但在那时，舒畅并没有预想到，这会极大影响送餐效果。

那段时间，舒畅几乎没有业余活动。白天除了上课还要负责送餐管理，晚上回到寝室，还要自学会计学，因为请不起财务，他需要自己学会算账。每一天都在忙碌中度过。

尽管如此，送餐服务的成本与收益却只能达到基本持平，几乎不赚钱的态势。当初租用的民居，房租就占去了大部分的成本。辛辛苦苦折腾了几个月，却没怎么赚钱，舒畅开始怀疑自己的能力。

舒畅的父母来到北京，看到他现在的状况。同样是从商的父母给了舒畅中肯的建议：“未来的时间还长，你真的打算一辈子就这样送外卖吗？如果你没有坚持下去的能力，那就去继续读书学习。”

父母的话给了舒畅当头一棒，他顿然清醒。大学的这些日子，他一直执迷于从创业中收获的快感，却从未真正思考创业的本质，过高估计了自己的能力。

尽管仍然相信送餐服务有很大的市场，但他也知道，以目前自己的能力，还不足以将这件事做到成功。那时的他，对互联网没有太多的认识，更没有融资的概念，这是一个需要很大投入的项目，但他并没有足够的资金来扩张规模，现金流又不足以支撑后续的发展。

2016年年底，舒畅决定终止送餐服务项目。这是一个痛苦的过程，那些被他召唤而来的伙伴，最终要面对这样残酷的决定。在北京冬季的夜晚，舒畅和团队伙伴坦诚相待，为送餐服务画上句号。那晚，冷风吹在脸上，寒气逼人。

此时的舒畅才懂得，创业不易，这是一条充满未知和挑战的路。只有一个想法远远不够，创业还需要商业知识、资源、人脉、资金的积累。他需要把这些短板一一补足，谋定而后动。

第二章

蓄势待发，谋定而后动

我本是一个投资人，创业可看作对自己的一次投资。

——舒畅

大学时期的创业经历，让舒畅看到了自己在商业上的潜力，也同时暴露了更多需要补齐的短板。很快，他抛开之前的浮躁，建立了新的创业规划。

首先，便是决定考取北京大学光华管理学院，完成自己在商业和经济领域的深造。

舒畅在北航期间的辅导员高老师对此印象深刻，当时北航的学生基本都会选择考取本专业的研究生，将来在研究所从事技术类的工作。但舒畅却很另类，选择了攻读经济金融方向的研究生，并且“态度坚决，意志坚定，信心很足”。在高老师眼里，舒畅比起同龄人，眼界更开阔，思想更成熟。对自己想做什么，能做什么一直在探索，在实践规划，一旦确定了方向，执行力很强。所以，“从后来他的创业轨迹看，那时候他就已经有很明确的职业规划。”

2008 年，迎来大学毕业季，舒畅选择去一家做航空材料进出口的创业企业，做总经理助理，有专业背景加上良好的英语沟通能力，初入职场便进展顺利。工作的同时，他还在为进入北大深造而学习备考。

此时，同届的周志远被保送进北京大学微电子专业，而姜海涛则在清华大学继续攻读电气工程专业硕士。和他们相比，舒畅更早地进入了职场，一切都在他的规划之中。

两个100万

2009 年，舒畅如愿考上了北京大学光华管理学院，成为一名经济学专业硕士，开始系统学习经济管理知识。

这对舒畅来说是一个新的开始，是他创业规划的第一步，也是非常重要的一步。这个阶段，他需要完成自己在商业领域的知识积累，拓宽自己在商业领域的人脉与资源。

当然，创业实践也没有就此停止。经历过大学时期的创业，舒畅意识到，没有资金的支撑难以成功。为此，2008 年到 2009 年间，他一直在“拼命赚钱”，同时做好几份工作。北大学习之余，他还通过一次创业实践赚到了“第一桶金”。

在北大，很多外国留学生普遍存在跟不上课程节奏的困扰。舒畅的周围也有这样一群外国同学，他们经常会向舒畅寻求帮助。微积分、线性代数、概率论、统计论，这些专业课程，舒畅可以用流利的英文讲解清楚。很快他发现，这是存在于外国留学生中的一大痛点，有着广泛的需求。那何不自己组建一个培训班，系统地为留学生辅导课程呢？

就这样，在五道口的华清嘉园小区，舒畅租下了一处民居，开启了他的留学生培训项目，盈利模式简单清晰，就是实行统一的课程收费。培训班很火爆，满足了留学生加速课程理解的需求。之后，舒畅找来了更多同学，讲解不同专业不同课程，拓宽了课程领域，报名培训的学生不断增加，也带来了更多的收益。

一年时间，留学生培训项目收益达到几十万元，丰厚的利润下，舒畅却再次感到了迷茫。

如果一直做下去，这个项目大概率可以持续，因为需求是显而易见的，盈利很高，生活也会舒适安逸。这的确让人动心。

“你现在这么年轻，但做这件事情只有输出，除了钱以外，你得不到任何东西。”一位前辈的话让舒畅在迷茫里看到了一线光亮。他明白，自己想要的不是只以金钱来衡量的成功。

北大的学习生活短暂而充实，很快即将迎来毕业。在光华管理学院的毕业典礼上，当时的名誉院长厉以宁教授在台上发表演讲。舒畅至今对他讲话的内容记忆犹新，也正是这些话，让舒畅找到了自己创业的初心和方向。

厉以宁教授讲到了两个一百万的目标。第一个一百万是一百万金钱，“这个对你们来说太容易了。”台下的人都笑了，的确，光华管理学院聚集的是来自各行业的精英，赚一百万对他们来说的确不难。

第二个一百万是什么？是写出一百万的字。一个人从事的事业如何才能达到可以用一百万字来描述？如果只做普通的上班族，那恐怕达不成这个目标。但如果在一个领域做到极致，做一些对社会有意义、有贡献的事情，那他所做的事情可以书写一百万字，甚至更多。

“我当时坐在下面，听得热泪盈眶。”舒畅回忆起那一刻，依然感到震撼。书写一百万字，这才是我的人生追求！

回想自己在学生时代的创业经历，似乎一直在为了创业而创业。这个过程中，舒畅不仅通过创业实践验证自己的能力，也不断发现着自己的短板，在失败中重新认识创业这件事，体味创业的不易。

舒畅感恩在北大学习的经历，不是因为自己贴上了北京大学研究生的标签，而是因为在这里，他的视野被打开，被拓宽。在光华管理学院，有经济和金融领域最权威的老师授课，也有各个领域的专家以及优秀的企业家甚至是诺贝尔奖获得者来分享他们的知识和人生。在这里，舒畅结识了来自经济、金融、投资等领域的各界精英，他们成为未来舒畅创业极为重要的资源链条。

在北大，舒畅收获的更为重要的东西，就是认识了创业的本质，找到了创业的初心和目标。“Something different，something big”，要追求不同，做对社会有价值、有意义的事情。舒畅希望自己在 30 岁之前能够创立一家这样的公司，来书写属于自己的一百万字。

目标已定，方向在哪里？

“通过这几年的创业经历，我明白一件事，就是一定要知道，Why me？为什么是你？你的核心竞争力在哪里？”舒畅说，很多人都有敏锐的商业嗅觉，能够发现需求，但这还不够，一定要知道自己的核心竞争力在哪里。“比如我做送餐服务项目，是没有核心竞争力的，因为那时候我不懂互联网，并且成本太高，没有资金支撑。但我做留学生培训项目，是有核心竞争力的，因为他们找不到像我一样英文又好，还可以流利讲解微积分与线性代数的人，并且成本也不高，盈利模式很清晰。”

30 岁之前创立一家怎样的公司？舒畅同样需要找到自己的核心竞争力。

首先，分析自己的专业背景。大学 4 年，最熟悉的领域莫过于航空航天，并且周围的同学朋友基本都在这个领域内工作；其次，在北大学习期间，丰富了经济、金融、商业方面的理论知识积累，拓宽了金融投资领域的资源，而金融作为工具，是用来服务于实体经济的。

综合自己的专业背景和外部资源，舒畅形成了结论：利用自己的核心竞争力，在航空航天领域创业，创立一家与众不同的、有社会价值的企业。

加入航天产业基金

2010 年夏季的傍晚，舒畅接到了一个电话，“恭喜你，获得了我们实习生的竞聘机会。”对方是一家航天产业基金，主要进行航天行业及其技术领域的投资，实力雄厚。对舒畅来说，这是一个难得的机会，可以去深入了解航天产业的发展以及资本化运作，对以后的创业大有益处。

这通电话并没有结束，紧接着，对方便下发了一个任务：第二天中午之前上交一份关于中国餐饮行业上市公司的分析报告，包括完整的报告和数据分析结果。时间紧迫，舒畅一边觉得这个要求有点“变态”，一边又斗志昂扬，拿起电脑，奔向了北大的自习教室。

熬了一个通宵，舒畅完成了这份报告，第二天上午 10 点，他准时把这份作业发给对方。几天后，他顺利得到了面试资格。

“舒畅，你的 PPT 做得太漂亮了！”在面试进行到最后一轮时，副总经理对舒畅的这份作业赞许有加。舒畅内心感慨，自己在北大光华管理学院时，每个人做的 PPT 就已经被要求达到专业的投资行业分析报告的水准。

这份精致的作业和舒畅本人的专业背景和能力得到了领导的认可，2010 年 6 月 28 日，他成了这家航天产业基金的实习生。

终于有机会近距离了解航天产业，可以接触到这一领域优秀的企业和企业家，舒畅希望通过这份工作更加熟悉行业的资本运作，结识更多这一领域的优秀人物，为以后的创业助力。

在这里，舒畅收起了自己的锋芒，埋头学习。在他身边工作的同事，不仅学历高、家境好、形象优，更关键的是他们还更努力。这让舒畅感到了巨大的压力，他知道，当身边的人比自己更优秀时，他能做的只有比他们更努力。

埋头工作、默默无闻的状态，让同事误以为舒畅性格内向；他很少发表观点，知道自己积累不够，那段时间，他发了疯似的学习，学习更多的技能，学习别人身上的优点。

“那时候有一个同事是哈佛大学毕业，但不太会写中文，每次做PPT都是全英文，需要别的同事翻译。于是他找到我，让我教他中文。”在两个人沟通的过程中，舒畅发现，这个同事办公从来不用鼠标，全部是键盘操作，效率很高，对EXCEL的应用尤其娴熟。这种办公技能让舒畅印象深刻，觉得非常厉害，抓住两个人交流的机会，舒畅学到了办公的常用快捷键，很快他自己研究总结了更多的快捷键组合，慢慢地，他也达到了只用键盘操作办公的程度。这样一个并不起眼的技能，在舒畅眼里却无比珍贵，他希望尽可能多地学习吸收到别人身上最厉害的能力。

三个月的实习时间很快过去，这期间，舒畅作为投资分析师，工作扎实，性格沉稳，得到了同事和领导的好评，原则上不招收应届生的航天产业基金，决定破例录用舒畅为正式员工。

舒畅在这里，一干就是3年。在这期间，他参与投资了很多航天项目，深入了解了很多与航天产业相关的内容，跑遍了全国几十个省份，实现了社会经验的大幅积累。

专业技能和社会经验，是舒畅在航天产业基金最大的收获。

联想控股最年轻的投资VP

2011年，舒畅从北大光华管理学院毕业。在航天产业基金的工作经历，让他对产业和资本运作了解得更加透彻，做股权投资也让他从宏观和战略层面加深了对航天产业的认识。

然而，对于创业，只了解宏观层面是远远不够的。它是一项具体的事业，需要清楚企业运作的每一个程序和细节。这是舒畅所缺乏的微观层面的实践。“当时的我，可以对航天产业走势分析大谈特谈，但涉及公司的具体运营管理，比如公司的例会怎么开？一个人力资源部门需要配备多少人？年度预算怎么抓等等，我都没有概念。”

舒畅太渴望学习这些了。眼下，他有一个去到世界 500 强企业工作的机会，他希望去看一看这样强大的企业是如何运营的。

2013 年 10 月，舒畅离开航天产业基金，进入联想控股，成为战略投资部门的一名投后经理。

在联想控股本部的战略投资部，有十几个集团需要做投后管理，舒畅负责其中一个集团。和其他投后经理不同，刚到新的工作岗位，舒畅就和领导申请去所负责的集团实地调研。这在投后管理部，是个另类的选择，尽管领导经常主张员工去一线了解业务，但几乎没有员工主动做这件事。因此，舒畅申请调研的积极性得到了当时主管领导的肯定与亲批。

一个半月的时间里，舒畅走遍了自己负责投后管理的集团在全国 4 个省、8 个市县的公司。在这个过程中，舒畅有了极大的自由和空间，从总经理到销售再到研发，他可以和任何一个部门、任何一个层级的人进行沟通交流，这样的调研是舒畅了解企业集团经营运作与管理的最好时机。

调研结束后，舒畅以所调研集团“销售管理体系是否合理”为主题，写了一份长达几十页的调研报告。这份报告受到了上级领导的重视，并仔细圈阅了每一页，要求把调研的结论和经验在公司内部进行分享。舒畅开始在不同部门进行调研汇报，一时间，所有人都认识了这个初来乍到的年轻小伙，成了联想控股的“明星”人物。

在以往工作中积累的技能，也成为舒畅在联想控股时的闪光点。有一次碰到一个紧急项目，舒畅带领团队加班到夜里 12 点，领导在旁边亲自督战，但负责操作的员工速度与效率却并不高，这让舒畅非常着急，他立刻亲自上阵，运用熟练的键盘操作技能，快速高效地完成项目操作。坐在一旁的领导很惊讶，“没想到你还有这个技能！”就是这样一个键盘快捷键的操作技能，给舒畅在联想控股的工作锦上添花。

舒畅在联想控股的工作进展顺利，纵然辛苦，但收获也颇多。高效的工作能力获得了领导的认可与信任，以及充分的授权。

有一次，舒畅接到一个项目要求投出 1 亿美金，时限一个月。正常情况下，这样规模的资金投出需要三到六个月，但这次给舒畅的时间只有一个月。项目需要谈判，时间紧迫，舒畅却收到了领导发来的度假照片，“我在泰国海边看风景，这些事都交给你了。我相信你能办好。”在上级领导的信任与授权下，舒畅开始独自“战斗”，谈判事宜也全权决策，最终交上了一份让领导层满意的报告。

马不停蹄的一个月让舒畅神经紧绷，来不及休息，项目结束后，他第二天便出差去了上海，当天晚上，急性耳膜炎发作，舒畅被送进了医院。“我从来没生过那么大的病，那时候疼得我在床上打滚。”舒畅笑着回忆，“医生说是我太累了。”

生病事件后，舒畅在联想更有名了，大家都叫他“拼命三郎”。不断挑战极限，追求极致的干劲，以及卓越的能力和业绩，也很快让舒畅成为当时联想控股最年轻的投资 VP。

创业，从“造火箭”开始

从北航到北大，从航天产业基金到联想控股，舒畅的创业规划渐渐清晰，30 岁之前，在自己所熟悉的领域，创立一家对社会有价值的公司，他一直在为此而做着积极的准备。了解产业趋势，熟悉资金运作，学习金融投资，拓展商业人脉，创业的电量即将要充满了。

在这段时间里，SpaceX 继续创造着一个又一个世界航天领域的奇迹。

2010 年年末, SpaceX 的新一代火箭猎鹰 9 号完成第二次飞行，火箭上载有全功能版本的“龙”太空舱，这是私人投资公司首次成功发射、绕轨道运行、回收宇宙飞船，可谓 SpaceX 的重要里程碑。

2012 年 5 月，SpaceX 的“龙”太空舱停靠在国际空间站，“龙”太空舱载满了为空间站及工作人员提供的物资，这也成为首个发射到空间站的商业开发的太空飞行器，率先实现了民营公司向近地轨道运输货物的目标。

2013 年 12 月，SpaceX 的猎鹰 9 号中型火箭成功把卫星送入地球同步轨道。2014 年，SpaceX 的营收一举突破 10 亿美元大关，进行了六次商业发射，这一年 NASA 把近地轨道业务外包给了 SpaceX。2015 年年初，马斯克宣布盈利。

对舒畅来说，马斯克和他创立的 SpaceX 走了一条和所有人都不同的路，并通过自己的创造力把不可能变为可能，是人类的梦想家。这和他的创业目标是一致的。

舒畅回想起在北京航空航天大学上课的时光。那时候，老师总会给学生看新型号战斗机首飞成功的视频，这对于学习飞行器设计专业的人来说，是莫大的鼓舞。讲台下的舒畅同样热血沸腾，“要是有一天，某个在天空中的飞行器不仅是我设计的，而且造飞行器的公司也是我创立的，那该有多骄傲”。

现在，他同样在心里问自己：中国能不能有一家像 SpaceX 一样的民营火箭公司？

火箭作为空间运载工具，打开了卫星、飞船等航天器进入太空的入口，撬动了庞大的太空经济。随着全球卫星市场的快速增长，带来大量的商业发射需求，为商业发射服务提供了极好的发展机遇。在美国，私营航天企业强势崛起，在以 SpaceX、轨道 ATK 公司、波音、洛克希德・马丁、蓝色起源为代表的民营航天企业不断实现突破并成功发射的带动作用下，民营资本受到激活并进入这一领域，掀起了新一轮商业航天蓬勃发展的浪潮。

我国现役火箭的发射成功率虽然居于国际领先水平，运载火箭的关键技术和研制体系趋于成熟可靠，但仍然存在发射成本居高不下、产品研制周期长等现状，这在一定程度上制约了我国在商业航天领域的发展速度。

中国的商业航天市场还没有打开，没有一家民营企业进入。

舒畅嗅到了商业航天的风口。创立一家民营商业航天企业，创造中国民营商业航天从 0 到 1 的历史，在没有人探索的领域，创造价值，实现理想，现在是最好的时机。

创业，就从造火箭开始！

2014 年，舒畅 29 岁，他踌躇满志，开启了寻找“火箭合伙人”的征途。

第三章

寻找火箭合伙人

从 0 到 1 的进步，需要尝试从未做过的事，需要探索新的道路，只有从 0 到 1，才能创造无限的价值。

——彼得•蒂尔（硅谷风投家、PayPal 联合创始人）《从 0 到 1》

查阅马斯克过往的新闻，关于马斯克是骗子、SpaceX、Tesla要倒闭的消息，年年都有。从SpaceX成立开始，马斯克就从亿万富翁变成四处挨骂的“疯子”，人们评价马斯克：要么是刚当上暴发户就异想天开，要么是心怀不轨的世纪骗子。

传奇之所以为传奇，必然有令人不可思议的特性，因此容易招致人们的质疑甚至误解。不管在美国，还是在中国，发射火箭等航天活动以往基本都由国家队主导，马斯克和SpaceX在美国商业航天市场放开的机遇下，经历多次发射失败，濒临破产，最后转危为安，完成猎鹰一号的成功发射，才缓解了这份质疑。

而当时的中国，商业航天市场还没有打开，舒畅自然遭遇了比马斯克当年更窘迫的境况。

从2014年决心“造火箭”开始，舒畅便开启了寻找志同道合的火箭合伙人之路。他需要一个技术合伙人，这一点他很明确，因为自己的专业不是火箭方向，并且没有类似的工作经历，因此，他要找的合伙人一定是火箭方面的专家。

那时候，所有航天专业人才基本都在国家相关研究院所工作，是国家队的骨干力量。他们知道美国有马斯克和 SpaceX，但在中国，民营企业自己发射火箭，这听上去就是一件难度极大，甚至不可能的事情，让他们走出国家队去单独做这件事，那更是难上加难。

在这样的行业背景下，寻找合伙人耗费了舒畅巨大的精力，他遭遇了不知多少次的质疑与拒绝，造火箭被当作异想天开，被当作疯子、骗子，但他依然没有放弃。

2014 年 9 月，夏季达沃斯论坛上，国务院总理李克强提出，要在 960 万平方公里土地上掀起“大众创业”“草根创业”的新浪潮，形成“万众创新”“人人创新”的新势态，激发民族的创业精神和创业基因。自此，中国诞生了一大批创客，如 20 世纪 90 年代的“下海经商”潮一般，创业成了新的浪潮，“大众创业，万众创新”的时代开启了。

这一年，国家对于大众创业，万众创新的号召和鼓励，让舒畅感到身后正有一股浪潮袭来，他的创业脚步在时代的推动下正在加速。

2014 年下半年的一个午后，舒畅回到自己的母校北京航空航天大学，敲开了辅导员高老师办公室的门。“他和我说他要创业，做一家民营火箭公司。”高老师回忆起当时的场景，还记得自己的惊讶。“因为这在当时的中国并不是热点，总觉得是外国人的事儿，在国内不知道是否容许企业这样做，当时觉得困难很大。”

作为舒畅曾经的辅导员，高老师对他有一定了解。她知道，舒畅做这个事情绝不是一时冲动，他一旦想好了，就会坚持做下去。的确，在深入交流后，高老师发现舒畅做好了充足的准备，从专业知识的储备，行业的调研，到企业管理经验的积累，都达到了创业的标准。

如今的舒畅处于起步阶段，他急需专业人士的意见和合适的资源。高老师为舒畅推荐了一个人，表示可以找他去聊一聊，或许会有所收获。

这个人的出现，成为舒畅创业的重要转折点。

我觉得这事儿可以

高老师为舒畅推荐的这个人叫马超，1983年出生，比舒畅大两岁，也曾是舒畅的师兄和辅导员，在北京航空航天大学本硕博连读，本科学飞行器设计与工程专业，博士是飞行力学专业，毕业后在中国运载火箭技术研究院某所工作。

中国运载火箭技术研究院是中国航天事业的发祥地，是中国历史最久、规模最大的导弹武器和运载火箭研制、试验和生产基地。在这里，马超参与了国家重大科技工程的科研任务，2009年任总体室副主任，主要负责抓总体设计，因为各方面表现优秀，马超也成了所领导的重点培养对象。

“我一开始没敢动去找他的念头。”舒畅想起那时候的心境，因为马超年轻有为，在研究院有着非常好的事业前景，参与着国家重大科技工程的科研任务，他没有理由离开现有的工作出来创业，更何况这在当时看来是一个前景非常模糊的事情。

但高老师的推荐给了舒畅一线希望。被拒绝无数次之后，他也不怕再被拒绝一次。他需要寻找专业人士的指点和交流，即便说服不了对方和自己一起创业，也可以得到更多有关行业的信息和渠道。

2014 年，国家层面也释放出积极的信号。工信部发布了《促进军民融合式发展的指导意见》，提出到 2020 年，形成较为健全的军民融合机制和政策法规体系，军民资源的互动共享基本实现，先进军用技术在民用领域的转化和应用比例大幅提高，社会资本进入军工领域取得新进展，军民结合高技术产业规模不断提升。《指导意见》突出了建立军工和民用一体化国家工业基础这一重要抓手，提出了进一步推动军工开放式发展这一工作重点，强调了军民资源共享、有机互动、有效转化这一迫切需要，明确了大力发展军民结合产业这一有效支撑。

同一年年底，国务院颁布 60 号文《国务院关于创新重点领域投融资机制鼓励社会投资的指导意见》明确提出："鼓励民间资本参与国家民用空间基础设施建设。完善民用遥感卫星数据政策，加强政府采购服务，鼓励民间资本研制、发射和运营商业遥感卫星，提供市场化、专业化服务；引导民间资本参与卫星导航地面应用系统建设。"

这应该是国家政策层面对商业航天的一次确认，尽管并没有提及火箭，但鼓励民间资本参与国家民用空间基础设施建设，鼓励民间资本研制、发射和运营商业遥感卫星，对民营企业来说都是一个好的开端。舒畅感到，自己正撞上一个即将到来的风口。他必须加快前进的脚步。

2015 年 2 月，李克强总理邀请 60 余名外国专家举行座谈。关注中国“大众创业、万众创新”的诺贝尔经济学奖得主埃德蒙德·菲尔普斯提到，中国经济新引擎将带来“非物质性好处”：“如果大多数中国人，因为从事挑战性工作和创新事业获得成就感，而不是通过消费得到满足的话，结果一定会非常美好。”

一个月后，在 2015 年两会的政府工作报告中，“大众创业 万众创新”作为关键词首次出现，也成为过去半年乃至之后很长一段时间内出现频率最高的词语之一。中国人的创业激情被点燃。

2015 年年初，在北航南门附近的一家咖啡厅，舒畅见到了马超，第一次和马超提起自己想要做民营火箭公司的想法，问他怎么看？“那天我们聊了三个小时。”马超回忆起当时的情景印象深刻，“我当时觉得这事儿可以。虽然没有人做过，但作为一个内行人，从技术角度和环境角度来看，在航天领域的创业并不缺乏人才，基础还是比较好的”。

马超对这件事的态度清晰明了，让舒畅觉得惊喜。这段日子以来，他已经被浇过太多的冷水，说不受打击是假的，他此时太需要像马超一样的业内人士的支持和认可。当然，这也让舒畅有了更大的信心去“追求”这位他心中的火箭合伙人。

马超的加入

2015 年上半年的几个月中，舒畅寻找尽可能多的机会和马超交流，聊了很多次。马超当然能感受到舒畅希望他合伙加入的迫切愿望，但当舒畅第一次提出的时候，他却谢绝了。

“我热爱航天事业，也热爱当时在研究院的工作，我能够参与国家重大工程的研发，这对航天人来说，是一件非常有成就感和价值感的事情。”马超告诉舒畅，他不忍放弃这份事业。

这份拒绝对舒畅来说，并不是判了“死刑”。他虽然失落，但同样理解马超的心情。和以往被人拒绝甚至嘲笑不同，在和马超交流的这几个月里，他得到了认可，并且他知道，马超的拒绝不是因为他不相信这件事情，而是他不忍放弃同样热爱的这份航天事业。

有理想，有信念，并且相信民营航天领域创业的可能性，舒畅就此更加认定，马超就是他要寻找的“火箭合伙人”。

2015 年的夏天炎热而漫长。国家层面释放的信号越来越多。2015 年两会，军民融合正式上升为国家战略；5 月 7 日，中共中央政治局常委、国务院总理李克强来到北京中关村创业大街考察调研。品尝了创业大街上的 3W 咖啡，和创客们亲切交流，考察为科技人员创新创业的服务情况，强调要让创业创新成为时代潮流，汇聚起经济社会发展的强大新动能，让一代“创客”的奋斗形象伴随着中国经济的升级，成为创新中国、智慧经济的重要标识；5 月 19 日，国务院正式印发《中国制造 2025》，航空航天装备被列为十大重点发展领域之一，军民融合推进力度加大。自此开始，中国民营微小卫星企业开始出现，大量卫星等待国家火箭配套，因此产生大量商业发射需求。

舒畅对马超这位准合伙人的“追求”依然锲而不舍。在第一次被拒绝后，几乎每天晚上，舒畅都会到马超家对面的酒店大堂里，点上一碟花生米，两杯牛奶，等待马超下班后的时间，抓住这段时间和他聊自己的创业梦想，那段时间，两个人常常聊到凌晨，话题范围也越来越广。马超在不自觉中发现，他的角色已经不是一开始“被请教”的状态，而是更像舒畅的创业伙伴，和他一起探讨公司战略、方向、技术、管理，甚至企业文化等具体事务。他好像已经成了这个还未创立的企业的一分子。

当马超意识到自己已经把舒畅创业造火箭当成自己的事儿一样时，其实他自己内心已经有了答案。在这几个月中，马超看到了舒畅的执着，以及在讨论问题中展示出的清晰思路和灵活战术，他有理想，且务实，这样的人，马超在研究院工作很难有机会碰到。像舒畅这样的一个人，去做这样一件还没有人做过的事，这难道不是一个机会吗？

这次，马超决定加入舒畅的这份还未开始的事业，尽管从技术上来说，或许不会像在研究院时那样高端，但在中国的商业航天领域开辟出新天地，实现从 0 到 1 的突破，是对国家的航天产业发展极具社会意义的事情，他们的脚步会在商业航天的历史上留下烙印，这是一种无可比拟的成就感与社会价值的体现。

很快，马超向研究院所里的领导提出了辞职。这位把马超当作重要培养人对待的领导不敢相信也无法理解这样的决定。他并不看好这个创业项目，当然他更不想失去这样一位前途光明的技术骨干。所领导提出要和舒畅见一面，三个人一起聊聊。

盛夏的傍晚冒着热气，在北京金融街的一家饭店里，舒畅见到了马超和他的领导。这个饭局让舒畅有点紧张，他不知道好不容易答应加入的马超，会不会因为领导的劝阻而动摇放弃。

整个饭局其实并没有针锋相对的情节，更多的是在探讨。“你们知道一个产品型号需要做多长时间，需要多少人？中间会经历怎样的失败？”“中国和美国不同，社会对于创业的包容性也不同，SpaceX 的成功有马斯克本人的原始积累以及 NASA 的支持，你们呢？”所领导就创业的事情提出了很多现实困难，这些困难该如何解决，在他看来，是无法避免的难题。“你就别影响马超的前途啦！”所领导用开玩笑的语气看向舒畅说。

舒畅只觉得自己又被浇了很多冷水，整个饭局下来，他几乎没怎么吃东西，“喝冷水都喝饱了。”所领导的疑问不无道理，这些困难也都是舒畅了解的，他心里没底，马超会不会动摇？

结束了这顿让人沮丧的晚餐，把所领导送回家，舒畅和马超坐在车里，马超望着窗外，若有所思。舒畅转头看向马超，此刻他心里五味杂陈，他急需要再次确认马超的态度。“领导泼了我们这么多冷水，困难和挑战这么大，你怎么看？”舒畅终于问出来。

马超点着一根烟，烟草点燃的火星在黑暗里闪闪跳跃。“我本来还不觉得这事儿有这么大的挑战，现在看起来这挑战还不小。”他停顿了一下，吐出一口烟雾，看向舒畅，“那这事儿更值得干了。”

舒畅的担心是多余的。他后来知道，马超是一个下定决心做一件事就不会轻易改变的人。“我觉得正是因为这个局面没有人撬动，如果有人撬动的话，恰恰说明这个局面很好，只是这些力量都没有浮现出来。如果出现的话，这些困难都是可以克服的。马斯克也是一样克服了很多困难。所以当时我的心里已经决定好了，我们就去做这个撬动的力量。”马超说。

一万小时　从零到壹

2015年6月28日，联想控股在港交所上市。作为当时联想控股最年轻的投资VP，舒畅在这个时间点，选择放弃优渥的薪水和发展前景，开启了他真正意义上的创业之路。

6月28号，这个日子对舒畅来说意义特殊。2010年6月28日，他成为航天产业基金的实习生，开始系统了解航天产业的发展与运作。“马斯克的生日是6月28日，”舒畅笑着说，“我老婆的生日也是这一天。”

加拿大作家格拉德威尔在《异类》一书中指出：“人们眼中的天才之所以卓越非凡，并非天资超人一等，而是付出了持续不断的努力。1万小时的锤炼是任何人从平凡变成世界级大师的必要条件。”他将此称为“一万小时定律”。要成为某个领域的专家，需要10000小时，按比例计算就是：如果每天工作八个小时，一周工作5天，那么成为一个领域的专家至少需要5年。

不积跬步，无以至千里；不积小流，无以成江海。10000小时并不只是重复低层次的工作。而是需要确立明确的目标和愿景，并为此持之以恒，不断总结，思考和积累。

对舒畅来说，五年中，在北大的学习，在航天产业基金的实践，在联想控股的经历，都是在一步步地按照自己的创业规划前行。在这个过程中，他确认了自己的创业方向，积累了行业资源与人脉，了解了行业趋势与资金运作，并且幸运地找到了自己的创业合伙人。国家层面的政策信号愈发清晰，此刻，天时、地利、人和，正是创业的最佳时机，一切都已准备就绪。

2015 年 8 月，舒畅正式成立零壹空间科技集团有限公司（One Space），成为中国第一家营业执照上写着“运载火箭及其他航天器”的民营企业。

硅谷风投家、PayPal 联合创始人彼得·蒂尔在其畅销书《从 0 到 1》中写道，从 0 到 1 的进步，需要尝试从未做过的事，需要探索新的道路，只有从 0 到 1，才能创造无限的价值。

零壹空间这个名字，也表达了舒畅想要做中国民营商业火箭的从 0 到 1，做商业火箭创新从 0 到 1 的目标和愿景。

的确，一切需要从 0 开始。这是一片还未曾有人踏足过的土地，舒畅只身闯入，成为这片土地的拓荒者。一两个人的力量远远不够，他还需要更多志同道合的人加入这场挑战。

创业早期的零壹人

在接到舒畅的邀请电话时，王嫣然正在深圳一家公司做行政前台的工作。这个毕业于中山大学化学系的姑娘是舒畅的高中学妹。她和舒畅相识于“龙樱计划”夏令营，性格安静的王嫣然被舒畅的才华和激情所感染，对这位比自己大几岁的师哥，有一种特殊的信任感。

所以当接到舒畅邀请她来北京一起创业的电话时，王嫣然没有太多犹豫，很快辞了职，来到陌生的北京，成为舒畅在创业初期最早的伙伴。

8 月的北京酷热难耐，让人焦躁。刚刚成立公司的舒畅，异常艰难，没有钱，也没有人，初期的资金全部是舒畅自己投入。马超虽然决定加入，但因为工作特殊性，需要一段时间的缓冲期才能正式离开原工作岗位。在那段时间，王嫣然作为唯一一个员工，陪伴舒畅度过了各种艰难的时刻。

那时候的零壹空间在北大创业孵化营里获得了宝贵的几个工位，王嫣然在北大附近租房住，那间房子有些老旧，偶尔房间里还会有虫类出没。她每天坐着公交上班，做各类事务性的工作，陪舒畅一起外出找人找资源，每天看舒畅不停和各种各样的人交流，聊的时候激情澎湃，但每次聊完，对方离开之后，王嫣然总会看到舒畅顿时像泄了气的皮球，仰头倒在沙发上，满脸疲惫。看到这样的反差，她忍不住会哭，“创业为什么这么难呢？”每到这时候，舒畅总会重新打起精神，为她打气，“这不算什么，我们要坚持下去。”

对一家创业公司来说，招人是一项难度很大的工作。零壹空间当然也遭遇了这类难题。找到专业领域优秀并且志同道合的团队伙伴非常重要，舒畅最先想到的是他身边熟悉的同学和朋友。

在说服马超加入零壹的那段日子，舒畅在不停为公司寻觅各类人才。那时候他经常和姜海涛、周志远在 QQ 语音聊天中诉苦，“实在找不到人了，你们有什么好的建议吗？”当然，他也在试探两位老同学的心思。

第一个心动的是姜海涛。

2014 年，清华电气工程硕士毕业后，姜海涛没有选择留在北京，而是进入了南京一家电力系统的大型研发企业做现场工程师，去一线了解客户需求和产品的应用场景。由于电力项目分散在全国各地，需要经常出差，一年 200 多天都在外面。一个人在外孤军奋战，让姜海涛感到孤独。如果能和认识的伙伴一起创业，那是不是更好？

这种想法越来越强烈，2015 年，姜海涛决定辞职，离开了工作一年多的岗位，从南京回到了老家湖南岳阳。他自认为对互联网技术有把握，并且看到了机遇，希望运用互联网工具为岳阳本地农产品和土特产做品牌推广。但由于缺乏实践经验，存在定位不清晰等一系列问题，这个创业项目并没能推动下去。

此时舒畅刚刚成立零壹空间。2015 年 9 月，姜海涛在北京遇到舒畅，听他聊起自己的创业项目，并邀请自己加入。“我当时觉得造火箭有点不可思议，但我相信舒畅这个人。”姜海涛觉得造火箭很酷，爽快地答应了。2015 年 10 月，国庆节后，他正式加入零壹，成了早期团队的核心成员。

周志远和姜海涛有着相似的创业经历。自 2013 年，周志远到英国谢菲尔德大学读博后，受互联网技术浪潮的影响，也想做一些相关的创业实践。在当时的英国，二维码还没有广泛流行应用，周志远想到把二维码和手机结合，投放到餐厅，做扫码点单支付一条龙的服务。当时国内已经开始普及这类服务，但在英国却还未出现。周志远找到一些国内的朋友，希望能一起做好这个创业项目。但和姜海涛一样，他同样遭遇了技术、模式、定位等困境，这个项目没能推动成功。

在周志远忙于创业的期间，舒畅也在表达自己的创业想法。零壹空间成立后，周志远鼓励舒畅：马斯克都已经把火箭发射上天了，难道我们国家的民营航天企业做不到吗？当舒畅向他诉苦找不到人才时，周志远说，你肯定没有尽全力去找，你应该想尽一切办法通过各种途径，比如试着找一找国外的人才。

“那你先过来呗！”舒畅顺水推舟。

“可以啊！”周志远给了简短有力的回应。“其实我知道他创业做火箭的时候，就已经动心了。”周志远知道，中国并不缺人才，但缺的是一种相信的力量。而他相信舒畅可以做成。

姜海涛和周志远在经历过创业实践之后，更知道创业的不易。想要做成一件事需要极大的底气与决心，做着玩玩是行不通的。他们相信舒畅可以带领整个团队把不可能变为可能。

零壹空间的初期团队组建有了雏形，舒畅、王嫣然、姜海涛在北大创业孵化营的工位上，操持公司早期的各项事务。周志远需要继续在英国等到博士毕业，暂时不能加入。团队力量还需加强。

舒畅想到了自己在联想控股事业部负责人力工作的前同事于悦。

在联想控股工作期间，舒畅和于悦就保持着良好的沟通。于悦对这个“拼命三郎”印象深刻，“他长着娃娃脸，很年轻，文质彬彬，比较健谈，但好胜心却非常强。这一点我们很像。”

其实舒畅在决定离职前，曾和于悦告知自己要去创业做火箭的想法。“这事儿能做吗？”和大部分人的反应一样，看着舒畅满怀激情地述说，她觉得很疯狂。

舒畅成立零壹空间后，经常向她请教人力方面的问题，于悦知无不言，言无不尽。那时候她考取了财务相关的硕士，希望自己能实现从人力到财务工作的转型。舒畅当然没有放过这个机会，在他看来，于悦是一个上进努力的好员工，是他需要的人才。

他决定找于悦正式聊聊。在一次于悦出差回京时，舒畅在首都机场把她一路接到了清华大学荷花塘边的咖啡厅，面对舒畅的邀请，于悦依然很犹豫，这个事儿能行吗？“我也不知道行不行，但值得去试一下。”舒畅说。和王嫣然一样，于悦对舒畅的为人处事有一种特别的信任感，她一向缺乏自信，但舒畅给予她的更多是鼓励和认可，她希望自己能有一个新的开始。

2015 年 10 月，舒畅在位于北京亦庄的菊源南里小区里租下一间两居室，作为一个临时开会办公的地点，小区离中国运载火箭技术研究院很近，这样他和团队可以更方便去接触更多航天业界的人才，寻找相关的产业资源会更加便利。同时，这也成了临时的住宿场所，姜海涛住在其中一个卧室，舒畅偶尔也会住在这里。

从北大创业孵化营到亦庄的菊源南里小区，从南五环到西北四环，乘坐地铁加公交总共要 4 个小时，姜海涛在两个办公地点之间奔波，他还买了办公桌椅布置在租住的民居里，这段日子如今回味起来，他依然觉得是累并快乐的。

10 月初的一个假日，于悦坐公交从西直门到了亦庄的菊源南里小区，第一次参加了零壹空间在临时办公地点召开的非正式会议。在这个不到 70 平方米的老房子里，她见到了初期团队的几个核心成员，大家都很友善，充满了干劲，于悦不禁对自己即将开始的新事业充满期待。

第四章

远见

“我们投资一些科技企业，特别看重创业者为什么做这个事儿。我们希望他是做事业的一个人，而不仅仅是为了赚钱，商人型创业者不是我们看重的，科技型企业一定要有使命感和理想信念，才能做得成。”第一次的见面，让投资人夏佐全看到，舒畅虽然年轻，但他能做成事儿。

2015年10月7日，由长光卫星技术有限公司自主研发的“吉林一号”一箭四星在中国酒泉卫星发射中心用长征二号丁运载火箭成功发射，同年，中国航天两大集团公司分别发布了商业航天发展规划。这一年，有民营企业陆陆续续涉足航天领域创业，一切迹象都表明，中国的商业航天大幕正式拉开了。

而舒畅和零壹空间团队一直踩在风口的前端，为商业航天的发展探路。这势必是一场充满未知和艰辛的战役。

找钱

2015年的圣诞节，在英国读博的周志远利用假期回国，他没有着急回家，而是拿着行李，从首都国际机场打车直接到了零壹空间的办公地点，他迫不及待想要提前加入这支团队。

出租车从机场一路开到了亦庄，停在大族企业湾的门口，周志远即将看到的，是零壹空间最新的办公地，此时，他们刚刚获得了天使轮的融资，告别北大创业孵化营的几个工位和菊源南里的两居室，拥有了投资方提供的写字楼里的办公场所。

融资的过程并不顺利。

作为一家初创公司，找钱和找人同样重要，缺一不可。保证可持续的资金投入是公司发展下去的前提。舒畅非常清楚，仅靠自己投入的那些钱，撑不了多久，很快会连现有几个员工的工资都发不出。这让他陷入了深深的焦虑。

他很快发现，找钱比起找人难度更大。碰壁几十次，没有人敢冒险投资一件看不清、看不懂的事，没有先例，没有可参考的标的，风险太大。

好不容易，终于遇到一家肯投资的著名机构，对方决定投资1000万元。这让舒畅团队兴奋不已。但就在准备签协议的当天，对方突然抛出一个条款，说“我先给你一百万，剩下的你得做到XX阶段再说”。

那天是阴天，窗外乌云密布。听到这个消息的舒畅顿觉心里黑压压的，难以接受。整个团队的气氛瞬时降到了零点，每个人脸上都有清晰可见的失望与难过。“没事，大不了最后我就卖房子，总能坚持下去。”舒畅提高了声音，为团队打气。自从创业以来，被拒绝对他来说已经是家常便饭，每一次都会失落，但他从来不会放弃，因为他知道，只有坚持下去才有可能成功。

上天总会眷顾努力的人。舒畅的坚持没有白费，经人介绍，他认识了一个火箭方面的专家，然而看着手上编辑好的短信，舒畅却迟迟没有勇气发出去。他害怕收到的还是拒绝。

不过这次当他真的发出信息，收到的却是意想不到的诚意与支持。零壹空间的好运终于来了。这个人及其他背后的机构不仅帮助零壹度过了艰难的开端，还帮助零壹对接了许多航天领域的人才和资源，“他们是零壹的贵人。”舒畅感慨万分。

12 月 22 日，一个震撼人心的消息很快传遍了世界各地：美国 SpaceX 公司的猎鹰 9 号火箭，在运送 11 颗通信卫星进入轨道后，地面成功回收了返回的一级火箭，创造了人类太空史上当之无愧的第一。民营公司能够在短时间内取得这样的成就，让人们看到航天梦的实现不再遥远。

就在两天后，12 月 24 日，零壹空间宣布获联想之星以及哈工大机器人集团上千万元的天使投资，投资方哈工大为他们提供了位于大族企业湾里的办公区域，零壹空间从孵化营和民居真正走进了写字楼，开始步入正轨。

天使轮融资的消息伴随着 SpaceX 猎鹰 9 号火箭成功回收的新闻热度，让零壹空间迅速曝光在大众视野下，媒体的镜头纷纷转向了这家名不见经传的初创企业，他们发现，在中国，竟然已经有这样一家公司，一个团队成员平均年龄不过 30 岁、声称要造火箭的创业企业，不管将来会不会是中国的 SpaceX，他们已经举起了中国民营商业航天的大旗，向世人宣告着自己的存在。

媒体的轮番报道，让更多的人看到了零壹空间的名字，也让航天领域的人才心生向往，跃跃欲试。主动找上门来，表示愿意加入的人越来越多，零壹空间的团队很快从最开始的五六个人发展到了 20 多人。随着人数的增多，投资方为其开放了半层的办公领域，零壹的团队规模还在不断扩大。

三不原则

2015 年下半年，清华大学经济管理学院院长钱颖一和马斯克进行了一场对话。舒畅为团队里的每一个人抢到了现场票，这也是他第一次近距离看到被视为传奇人物的马斯克，他想知道马斯克关于商业航天事业的发展逻辑。

整场对话当然离不开 SpaceX 的发展历程，而给舒畅留下印象最深的是马斯克谈到的第一性原理。“如果你真的想做一些新的东西出来，就必须依赖物理学的方法。”马斯克将如今取得的颠覆式创新成就主要归结于对“第一性原理”的运用。

第一性原理是什么？将过程简化为最基本的部分，这些基本部分又恰好是构成整体的基础，追溯到事物的本质，会有新的发现。

“火箭是由什么制成的？航空级铝合金，再加上一些钛、铜和碳纤维。然后我会问自己，这些材料在市场上值多少钱？结果是，这些火箭原材料的成本大约是火箭价格的 2%。”马斯克很好地运用第一性原理发现，与其花几千万美元购买一枚已经造好的火箭，还不如购买便宜的原材料，自己造一枚火箭。于是有了 SpaceX 公司的诞生。如今，SpaceX 公司将发射火箭的成本已经削减至原本的十分之一，验证了在航天领域低成本运营的可能性。

这对舒畅的启发很大，坚定了他在商业航天领域创业的信心，同时也为之后公司的发展与定位指明了方向。

随着天使轮融资的助力和媒体的关注，零壹空间的团队愈发壮大，从最开始的几个人到20人、50人，办公区域也在拓宽。2016年上半年，零壹空间在大族企业湾租下了一整层写字间，这家创业企业慢慢初具规模。但同时，质疑声也随之而来。

在知名网络社区“知乎”上，有人发表了这样一个帖子：“1000万想要造火箭，恐怕是在白日做梦”，文章直指零壹空间为“骗子”。被当作骗子、疯子，舒畅早已习以为常，他很清楚，在航天这样特殊的领域创业，有 95% 的人都不认为会成功。

我国现役火箭的发射成功率虽然居于国际领先水平，运载火箭的关键技术和研制体系也趋于成熟可靠，但仍然存在发射成本居高不下、产品研制周期长等问题。国家队会面临的问题，对于民营企业来说难度必然加倍放大。

SpaceX 的诞生，很大的意义在于让世人看到了低成本运营商业航天的可能性。这是让航天领域的商用需求得到大规模释放的根本原因。仅凭 1000 万的确造不出火箭，一切都需要过程，舒畅给团队提出了“三不原则”：一不作秀，二不评价，三不比较，埋头攻克技术难点，“零壹空间，就是要在 5% 的可能性中‘杀’出一条路来。”

造什么样的火箭？

天使轮融资无疑给零壹空间带来了好运。随着专业人才的加入，公司的动力、电气、结构、质量等专业团队也开始组建起来，这支队伍聚集了来自清华、北大、北航等各大高校的优秀毕业生以及航天院所的各类技术人才，有了专业团队的支撑，作为创始人和联合创始人，舒畅和马超开始思考公司的发展方向，零壹空间要造什么样的火箭？

2014 年年底，国务院颁布 60 号文《国务院关于创新重点领域投融资机制鼓励社会投资的指导意见》明确提出："鼓励民间资本参与国家民用空间基础设施建设。鼓励民间资本研制、发射和运营商业遥感卫星，提供市场化、专业化服务；引导民间资本参与卫星导航地面应用系统建设。"

卫星市场比火箭市场更早有了民营企业的参与，出现了比以往更多的发射需求。但对比当下的火箭市场，还是以国家队为主导的发射市场，很多卫星即使造出来，也要排队等待国家队的火箭搭载机会，周期长，发射费用高，并且不一定能够成功配套。

卫星想要升空、入轨，必须有运载火箭的搭载才能实现。据国泰君安研报预测，到 2020 年，全球航天产业市场总额将达到 4850 亿美元，中国市场包括运载火箭、卫星应用等将达到 8000 亿元。

对于零壹空间来说，这正是他们要打开的市场。运载火箭相当于航天产业的一个中间环节，可以连接上下游两端。掌握了运载火箭，其实就掌握了航天产业的“入口”。

经过分析和讨论，零壹空间确定以运载火箭为核心业务，他们要满足越来越广阔的商业发射需求。

在我国，运载火箭的技术和体系已经相对成熟，发射成功率居于国际领先水平。但尽管有了国家队的强大技术支持，长期的科研攻关与重金投入，还是不能避免发射成本高、研发周期长等弊病。对于像零壹空间这样的民营企业来说，他们面前更是一片空白，一切都要自己重新摸索和建立。

舒畅对自己的研发团队很有自信。的确，在这支技术研发团队里，大部分人都有在航天院所工作的经历，不论专业背景还是实操经验，他们都是这个行业里的精英。尤其是联合创始人马超，他参与过国家重大工程的研发制造，对火箭的总体工作和整体流程都非常熟悉。

因此，他们最开始的目标，定位在了吨级的中型运载火箭，并以固体火箭为主。

固液之争

为什么选择固体火箭为主？舒畅和马超对此有很全面的考量。

在航天发射领域，火箭根据燃料的不同，可分为液体火箭和固体火箭。区别主要在于推进剂的形态不同。液体火箭采用液体推进剂，分别贮存在火箭的氧化剂箱和燃料箱内，工作时由输送系统将它们送入发动机的燃烧室；固体火箭采用固体推进剂，贮存在发动机燃烧室内，无需贮箱和输送系统。

从发射周期来看，液体火箭准备时间较长，其燃料和氧化剂分子活性强，化学稳定性低，必须低温贮存，发射前要进行转场和多轮测试，要加注推进剂，整个流程走完需要 20 天左右的准备时间。而固体火箭的发动机推进剂可以预先混合好，可在 24 小时内完成发射准备。相比液体火箭，准备周期大大缩短。

从储存周期看，液体火箭因其燃料特性，存在易挥发、腐蚀等风险，储存周期短。固体火箭则不像液体燃料一样会挥发，因此可存储数年之久。

再从运载能力看，液体火箭展示了它在这方面的优势。因其发动机燃烧效率很高，能提供强大推动力，运载能力更强，因此液体火箭的运载对象大多在一吨以上，比如通信卫星、载人飞船、空间站等。相比之下，固体火箭运载能力较弱，但对于全球范围内 500 公斤以下小卫星市场的需求，其运载能力已足够，具有很大的优势。

要研发火箭，需要巨大的资本投入，而仅研制液体火箭的成本就高达十几亿元。这个数字远高于研制固体火箭的成本。

对比液体和固体火箭，其实不难发现，液体火箭更适合于航天的深空探测，高轨道的卫星发射，这也是马斯克和 SpaceX 建立以来的目标和方向，以液体火箭为主，并在这一领域占据了绝对优势。

在中国，SapceX 做的正是国家队的重点方向。他们的主要精力通常会放在高轨道卫星和深空探测的发射需求上，这一部分需求已经呈现了垄断趋势。民营企业显然无法与之竞争，需要找到新的市场和方向。

舒畅和马超很清楚，中国的民营航天企业，想要一开始就复制SpaceX的发展路径并不现实。首先，商业航天是一个持续烧钱的行业，需要巨额的资金支撑。但中国的商业航天创始人们没有一个像马斯克一样有钱，目前更多依靠融资发展。但商业航天，尤其是运载火箭的发射，具有很高的风险性，失败概率并不低，正如马斯克在初期发射猎鹰系列火箭，也是发射了四次才取得成功，这会耗费大量的金钱和时间，在中国商业航天发展前景还并不明朗的环境下，很容易磨灭投资人的耐心和信心。另外，SpaceX与美国的国家队NASA达成了很多的合作，NASA也给了它很多资金和人才上的支持，加之美国的商业航天政策日趋成熟，SapceX在一定意义上已经是美国航天的另一个国家队。但在中国，商业航天还在发展初期，从国家政策到商业模式都还在探索阶段，民营企业更多只能靠自己探路。

的确，中国的民营火箭企业，一没有钱，二没有国家相关的配套政策支持，一切都步履维艰。国内的民营火箭企业希望通过固体火箭的发射试手，累积发射经验，在一些关键技术的验证上，固体火箭和液体火箭差别并不大。从火箭设计，到转入生产制造阶段，再到进场发射，液体火箭和固体火箭都是相通的。而且固体火箭更适合中低轨道卫星的发射市场，重量在几百公斤，如今这一小卫星的发射市场正呈现越来越大的需求。

因此，固体火箭自然成为初创企业打开市场的首选。

“大卫星靠国家的大火箭发射，这个市场已经趋于饱和，不存在很大的增量问题，但卫星应用，低轨互联网变革的市场是很大的。在中国才刚起步，是增量市场。”在马超看来，固体火箭是最符合目前市场需求的方向，这是行业的共识。

他和舒畅也一致认为，液体火箭会是未来的发展趋势，是去往深空探测的方向，但这并不是目前中国民营航天企业的发展方向。因此，对液体火箭的态度，零壹空间采取的是“跟随战略”。“并不是说零壹永远不做液体火箭，而是要等到发动机，发射场等各项关键问题得到解决，市场趋于成熟，如果零壹那时候的企业实力很强大，足够支撑做液体火箭的话，再做也不晚。”

造自己的发动机

“我们最开始的时候并不想做小火箭，觉得技术含量不高，希望做点有难度的。”舒畅和马超喜欢具有挑战的事情，做一个中型的固体火箭，在他们看来是完全可行的。不过，对于一个行业的先行者来说，所要面临的可能比他们想象的更复杂、更艰难。

运载火箭的组成部分有结构系统、动力装置系统和控制系统。这三大系统称为运载火箭的主系统。发动机是火箭的“心脏”，它决定了将航天器送入太空的运载能力。控制系统则相当于火箭的“大脑”，可以控制火箭的稳定飞行，确保火箭精确进入预定轨道。

为了更有效率地开展火箭发射业务，零壹空间起初尝试通过购买来获取包括火箭发动机在内的各个部件，但后来发现这条路走不通。这像是切断了民营航天企业的命脉。突如其来的变故让零壹空间措手不及。“那对我们来说是一个生死打击。”如今，舒畅和零壹团队回忆起这段经历，都还心有余悸。

同样的故事在马斯克和 SpaceX 身上也曾上演。2001 年，马斯克带着 1000 万美元远赴俄罗斯的莫斯科买火箭，却直接被对方拒绝。1 年后，马斯克再去莫斯科，依然空手而归。俄罗斯没有将高压补燃循环液氧煤油发动机技术卖给 SpaceX。因此，马斯克下决心自研，这才有了后来的 Merlin（梅林）1A 发动机，有了猎鹰一号的成功发射。

如果核心技术和供应链都依附于别人，这无异于将自己的命运拱手相让。

自研，成了此刻零壹空间团队的共识。

逾亿元的A轮融资

好消息是，继 2015 年天使轮融资后，仅过了不到一年，在 2016 年下半年，零壹空间迎来了新的投资方。

2016 年初春，北京回暖。夏佐全听到中国有一家做民营火箭的公司，感到好奇。作为比亚迪联合创始人、深圳正轩投资有限公司董事长，他从 2003 年开始作为天使投资人支持创业公司发展。十几年来，夏佐全通过正轩投资先后向机器人、智能制造、芯片设计和生物基因等领域的多家创业公司投资，支持着一批“硬科技”创业公司的发展。

“美国的马斯克，既做火箭，也做电动车，特斯拉也是比亚迪的行业竞争者，当时我听到中国也有一家做民营火箭的公司，很兴奋，想去了解一下这个行业在中国是什么样子？”

很快，他在北京亦庄大族企业湾见到了舒畅。夏佐全没有带团队，而是独自一人到零壹空间，他想看看在做这件事的，是怎样的创始人和团队。

舒畅的年轻让夏佐全感到意外。在他印象里，过去在电视上看，航天军工类的工程师领头人年龄普遍很大，但眼前这个小伙子却是个 85 后。不过在接下来的对话中， 舒畅很快打消了夏佐全的疑虑。

两个人在办公室聊了一个多小时。谦虚、沉稳、思路清晰，充满激情和胆量，舒畅给夏佐全留下了深刻印象。过去在学校和工作中的创业经历，更展现了舒畅的商业敏感和潜质。

“我们投资一些科技企业，特别看重创业者为什么做这个事儿。我们希望他是做事业的一个人，而不仅仅是为了赚钱，商人型创业者不是我们看重的，科技型企业一定要有使命感和理想信念，才能做得成。”第一次的见面，让夏佐全看到，舒畅虽然年轻，但他能做成事儿。

同样，舒畅在见到夏佐全后非常高兴。他擅长整合资源，愿意去吸取别人的经验和长处。面对有运作企业经历的投资人，他有太多的问题想要去请教和交流。夏佐全明白，舒畅虽然胆子大、敢想，但在民营航天创业，还需要一些鼓励。他对舒畅说，商业航天过去都是国家在主导，但现在，欧洲和美国已经有类似的案例，马斯克已经做成了，商业卫星的应用也越来越广，Facebook、Google 等互联网企业也计划发射自己的卫星，商业航天的成功越来越近，这说明至少你选的方向并没有问题。

在和舒畅进行了当面沟通，投资团队做了一番调研之后，夏佐全更加坚定地看好商业航天这个方向，“我们做投资有个基本逻辑，就是近十年美国企业在做的方向，中国只要有一定的契机和政策、人才，都是可以干的，方向基本是不会有错的。”

当然，关注商业航天，关注零壹空间的投资方并不是只有夏佐全的正轩投资一家，2016 年，随着中国商业航天的逐步放开，国家陆续出台利好太空领域创业的政策，零壹空间作为行业的先行者得到了更多投资方抛出的橄榄枝。

2016 年，国家继续出台利好太空领域创业的政策，中国商业航天的春天到来。当年 5 月，国家发改委在《关于实施制造业升级改造重大工程包》中列明的十大重点工程之一就是“商业航天产品发展工程”，要求大幅提高商业航天的生产制造能力，促进航天产业的市场化；9 月，国家发改委批复武汉国家航天产业基地挂牌成立；10 月 19 日，中国长征火箭有限公司在北京正式揭牌，并举行战略发布会，开启了属于自己的“新长征”，这意味着中国火箭的商业化时代来临。

2016年10月，零壹空间宣布获得逾亿元A轮融资，由哈工大机器人集团、正轩投资领投。

完成本轮融资后，零壹空间将成为哈工大联合社会资本在航天领域共同打造的创新创业平台。哈工大在航天领域拥有丰富资源，投资后在人才、技术、市场等多方面对零壹空间的发展提供支持，希望帮助其成长为商业航天领域的领军企业。

2016年可谓是中国商业航天的加速之年。有更多的创业者加入了这场商业航天大潮，有更多的投资人看好这个方向，试图投下一份期望。

国家政策呈现愈加明朗的趋势。2016年12月，国务院新闻办公室发布航天白皮书——《2016中国的航天》，明确指出“鼓励引导民间资本和社会力量有序参与航天科研生产、空间基础设施建设、空间信息产品服务、卫星运营等航天活动，大力发展商业航天”。12月27日，国防科工局、中国航天局联合召开新闻发布会明确，国家鼓励国内各类资本参与到航天、卫星发射领域里来。

对于零壹空间来说，作为先行者，尽管他们在这条路上正遭遇意想不到的困难和障碍，但资本的推动和政策的松绑，都一定程度上为他们争得了喘息的时间，去全心投入到自主研发中。

路途是坎坷的，下一个“坑”在哪里，他们并不能预测，但把路铺好，也是一种成就。

第五章

民营航天又添里程碑

在航天这样特殊的领域创业，恐怕有95%的人都会说：那是不可能的。零壹空间，就是要在5%的可能性中“杀”出一条路来。

——舒畅

原来发动机合作的路子走不通，意味着零壹空间之前的整个火箭设计方案全部要推翻重做。围绕一个什么样的目标去做？公司内部发生了分歧。

很多人倾向于在之前的火箭研发基础上去做，但舒畅选择一切归零，重新定义这个产品。

固体火箭发动机主要由壳体、固体推进剂、喷管组件、点火装置等四部分组成，其中固体推进剂配方及成型工艺、喷管设计及采用材料与制造工艺、壳体材料及制造工艺是最为关键的环节，直接影响发动机的性能。

零壹空间有专业的研发团队可以做发动机的设计工作，下一步是要想办法解决发动机配套生产能力，探索一条全新的供应链体系，才有可能彻底打破只能依赖传统供应商的限制。

这个重担落在了陈煜哲身上。2017 年 1 月，从航天院所辞职，陈煜哲加入零壹空间，他和舒畅同为北航校友，毕业后在航天院所负责设计工作。在零壹，他是最早一批发动机方面的专业人才。

在得知发动机无法和传统航天院所合作后，陈煜哲的第一反应就是“自己干”。他算了笔账，认为目前以零壹的情况可以负担得起。随后，他开始了实地调研。

调研时间长达一个月。在这一个月里，陈煜哲找到了所有固体发动机配套件的供应商，研究他们的生产配套能力。从东北到西北，从东南到西南，他跑遍了每个可能的城市，交通票加起来有厚厚的一沓。

火箭发动机的推力直接决定了火箭的大小，也决定了火箭的运载能力。

零壹空间的第一发火箭本想做的是一枚中型吨级的运载火箭，前期的设计方案已经完成。通过调研，舒畅和陈煜哲发现，利用国内现有的供应商把发动机做出来是可行的，不过虽然可行，但以目前他们能找到的配套供应商的生产能力来看，能做出的发动机推力达不到中型运载火箭的标准，因此，只能先做一枚小火箭。

作为投资人，夏佐全知道发动机自研给舒畅和零壹空间带来的压力。他用汽车的例子来开导舒畅：“研发汽车发动机需要十几二十年的时间，但比亚迪用了 3 年就做出来了，火箭发动机应该没有汽车发动机复杂，相信你们用一年时间就可以做出来！”

夏佐全的话对舒畅和团队的鼓舞很大。这次，舒畅和马超达成了一致，零壹空间必须坚定走下去，一切归零，重新定义一个新的产品。

开启自研之路

发动机自研团队很快组建完毕。但自研之路并不好走。

在陈煜哲的负责下，以调研结果为标准，新的发动机设计方案在一个月之后做了出来。尽管已经把火箭外壳、喷管、点火器、推进剂、燃料等配套供应商通过调研打通，但不可避免地，在供应商选择、技术风险控制以及生产能力匹配等问题上还是遭遇了不少困难。

航天产业讲究配套的可靠性，只有成功发射才能证明配套是可靠的。但零壹空间自己找到的各个配件供应商，从没有过组合在一起的发射经历。航天专家对这样的组合表示质疑，陈煜哲也知道自己无法做出肯定的回答。“但我拍着胸脯告诉他，我对供应商能力的调研情况和我对发动机团队设计方案的信心，我觉得能造出来，能成功。”舒畅这番话，给予了陈煜哲充分的信任和信心。

火箭发动机产生的是一种高温高压的燃气，温度可能达到3000多摄氏度，压力达到十几个兆帕，这时候，发动机喷管喉衬材料如果不能承受住这种极端恶劣的环境条件，很可能导致发动机熄火甚至爆炸。但问题是，喉衬材料是发动机里的一项核心技术，并且成本高昂。如今供应链并没有放开，民营企业买不到这款材料。陈煜哲在调研中找到了一款成本相对低的替代材料，但从没有人用过这款材料，这意味着未知的风险。

为了验证这款材料的可靠性，陈煜哲带领队友做了大量缩小比例的实验，用这款替代材料应用在同比例缩小的发动机里，进行点火试验，并通过计算机的模拟仿真分析进行论证，通过实验，他们发现是可行的，可以尝试应用到火箭发动机上。

但在专家看来，这会是自研发动机风险最大的部分，如果这款替代材料扛不住压力，发动机就会发生爆炸。此时，距离发动机试车的时间越来越近，陈煜哲心里在打鼓，但依然告诉自己要有信心。

从决定自研发动机开始，经历了调研，设计方案，再到配套生产，一共不到 7 个月的时间。这是陈煜哲最忙的一年，刚进入零壹，就接到这样艰巨的任务，压力可想而知。整个发动机团队在这期间几乎没有假期，陈煜哲每天最后一个从公司离开，加班到凌晨一两点更是家常便饭。

最终，发动机团队自主研发出一款 850mm 直径的固体发动机，并将在年底迎来它的首次试车。

在自研发动机的同时，火箭的其他关键组成部分也在同步进行自主研发与创新。

如果说发动机是火箭的心脏，那么还有一个重要的部分，那就是火箭的大脑 -- 以控制系统为核心的电气系统，这是火箭必不可少的核心设备，监测并控制着火箭上复杂的神经网络，可以完成火箭的飞行控制和数据传输。

由于根据目前的配套供应商生产能力，零壹只能先做一枚小火箭，运载能力相比中型火箭有所下降，因此还需要解决配套的电气系统的设计问题。

火箭上的控制系统和地面的通信系统，大多都是分立的单机设备，比如控制系统有一个控制计算机，测控通信系统有一些数据采集和地面通信的设备，整套系统可能由十多个单机组成。

但单机设备体积大、数量多、成本高，显得较为臃肿。如何在现有的发动机体量下，设计一套更符合火箭的电气系统？电气部的赵进东交出了一份令人满意的成果。

赵进东和陈煜哲有着相似的工作背景，曾在航天院所负责电子设备、电气系统的工作，和陈煜哲同一时期进入零壹空间，加入电气部，那时电气部还不到 10 个人。发动机启动自研之后，赵进东开始负责电气系统的自研创新任务。

重新设计的电气系统有两大特点，一是小型化，二是功能复用。赵进东设计的新一代电气系统，将测量、控制、遥测遥控等功能整合在一个单机里，采用了高度集成化的芯片技术，把这些系统集合在一起，功能非但没有减少，还做了进一步的优化，并把设备的体积和重量都降了下来。

这个一体化综合控制机（综控机）将重量缩减到传统产品的十分之一，仅有不到 1.8KG，极大地优化了电气系统设计，节约了系统成本，并且不同的系统还可以共享一个硬件平台。

除了电气系统的重新设计，燃气舵作为固体火箭常用的控制结构，也是固体火箭结构设计的关键技术，需要长时间工作在 2000 摄氏度高温的高压燃气流中，工作过程伴随着舵面烧蚀和偏转，其舵面材料选择、舵外形设计、防隔热设计、热密封设计、热匹配设计、耐高温传动系统设计和舵面控制力计算，都是燃气舵设计核心技术环节。

燃气舵测力系统，则用于测量燃气舵在发动机燃气流中所受力和力矩，测量结果用于修正控制力分析算法和控制系统设计，是燃气舵试验的核心技术，目前国内仅有少数单位具有该测试能力，且成本巨大。

零壹空间采用了完全自主研发的测力系统，可以成功获取舵面的受力和力矩数据，解决解耦测量等一系列难题，为公司节省了数百万元的研发成本。

试车成功了

2017 年 12 月 22 日，江西，零壹空间进行第一次固体发动机联合试车（即把火箭发动机固定在试车台上，在地面进行点火试验）。

零壹团队以及嘉宾都在现场观看，舒畅坐在嘉宾旁边，谈笑自如，看上去很淡定。

“倒数计时，3，2，1，点火！”随着点火命令下达，舒畅的心突然紧了一下，因为在听到点火口令的时候，他看到发动机的火，并未点燃。

一秒钟后，发动机点火，35 秒后耗尽关机。紧接着，现场爆发出雷鸣般的欢呼和掌声，试车成功了。

对舒畅而言，那一秒，恍如隔世。这几乎不被人察觉的一秒钟，对舒畅，对整个团队而言，是无比紧张的时刻，大家都在担心是不是点火系统有问题点不了火？还是控制系统有问题，准确性不够？

后来舒畅知道，当时负责按下点火按键的员工，是第一次经历这样的场面，他非常紧张。所以在听到点火命令后，犹豫了一秒。这令人紧张的一秒钟，也深深留在了舒畅和零壹团队心中。

传统试车只考核发动机本身，以避免增加试车试验的风险。但零壹团队却坚持把事情做到极致，第一仗就要让所有新研制的产品都接受实战考核，直接带上燃气舵、伺服系统和综控机等，让综控机代替成熟的点火设备来执行发动机点火。

此次整机试车，各分系统工作正常，获取了全部试验数据；发动机推力、比冲及工作时间均满足设计要求；发动机、尾段结构、燃气舵和伺服系统经受住了试车环境的考验，圆满完成了试验大纲规定的各项任务。

本次试车的发动机既可以作为小型运载火箭的一级，又可以单独作为亚轨道运载器的动力系统。在技术方面有一定的创新，采用了高装填比和高室压的设计思路，以提高装药量和性能。

动力系统试车的成功，是保证火箭首飞成功的关键。发动机从调研市场、设计方案、配套生产，最后完成整机试车，整个过程仅仅历时九个月。零壹空间在这九个月里创造了纪录，成为国内首家掌握固体火箭发动机核心技术的民营企业。

团队的辛勤努力没有白费，试车试验点火成功后，所有在场的人都激动地站起来，掌声、胜利的欢呼喝彩声不断，每个人的眼眶里都泛着湿润的泪光，只有亲身经历过这一切，才明白这一路走过来到底有多艰难。

在自研发动机的过程中，舒畅和团队还在思考一件事情，目前自研的这款发动机体量和推力还是太小，只适用于小火箭，也就是亚轨道火箭，主要用于在近地空间进行探测和科学试验，没有载荷入轨的能力。但要做一款入轨的运载火箭，以目前已经打通的配套供应商生产能力来看，达不到运载火箭发动机的配套标准。

零壹空间从创办之初就以发射运载火箭为定位，卫星想要升空、入轨，必须有运载火箭的搭载才能实现。这是民营企业进入航天市场的“入口”。

为了保证未来运载火箭的发射，他们还需要找到更强大的供应链资源。

幸运的是，舒畅很快遇到了零壹空间的另一个“贵人”——张老师。

张老师和舒畅一见如故，在他看来，舒畅和零壹团队开拓能力强，工作有激情，充满创新精神。在零壹空间之后的发展中，张老师不仅为其运载火箭发射找到了更强大的供应链资源，并作为顾问带领零壹的动力团队在西安开疆拓土，为零壹空间开创了新的发展局面。

整个 2017 年，零壹空间走上了自主研发的道路。在不到一年的时间里，打破了受制于传统供应链的产业格局，

在商业航天领域的很多创业企业，从来没想过自研发动机，甚至连火箭都不想自己组装，而是选择直接买产品和方案进行发射，早日获得融资，再去组建队伍、运营企业，但走捷径往往是行不通的，没有自己的核心技术，就摆脱不了受制于人的局面。

前人栽树，后人乘凉。因为零壹空间自研发动机的路被打通、铺平，大家发现，民营企业也可以做发动机，产业链的打开，也让后来的很多民营商业航天企业尝到了甜头，转向自研。

发动机、电气系统、箭体结构，图纸设计等都已准备就绪，零壹空间自主研发的 X 系列火箭也呼之欲出。这枚火箭采用单级固体火

箭发动机，可用于核心技术飞行试验验证、商业产品航天准入考核、前沿技术探索等诸多领域。

这枚火箭命名为“重庆两江之星”，于 2018 年上半年成功完成首飞。

从立项到首飞成功，零壹空间只用了不到一年的时间。“重庆两江之星”的发射成功给中国商业航天添上了浓墨重彩的一笔。一个平均年龄仅有 30 岁上下的科研团队，通过自主研发创造了这一里程碑式的时刻！

及时的A+轮融资

和发动机自研成功同等分量的喜讯是，零壹空间又迎来了新的投资方。

2018 年 1 月，零壹空间完成 A+ 轮融资，领投方为前海梧桐并购基金，招商局创投、前海万得、正轩投资等跟投。至此，零壹空间从 2015 年 8 月成立至今，已累计获得 5 亿元融资。

2017 年开始，国内外商业航天的发展都呈现了更加迅猛的态势，获得了更多资本的关注与加持。这一年，党的十九大胜利召开，明确了军民融合发展的航向航程，军民融合重大改革明显提速，系列政策密集推出，军民融合发展热潮涌动，进入了新时代。

根据 Space Angle 2018 第三季度的商业航天投融资分析报告显示，2017 年全球共发生 112 起商业航天投融资事件，资金总额达 39

亿美元。

2017 年 4 月，亚马逊创始人杰夫・贝索斯（Jeff Bezos）表示将会每年出售 10 亿美元的公司股票, 以资助他一手创立的蓝色起源（Blue Origin）火箭项目。他先后于 2017 年 5 月和 11 月两次通过出售股票的方式，对蓝色起源（Blue Origin）投入 9.41 亿美元和 10 亿美元。

2017 年 7 月，SpaceX 在新一轮融资中至多筹集了 3.5 亿美元资金，估值约为 210 亿美元。11 月，SpaceX 又宣布通过出售部分公司股票募集获得一笔 1 亿美元的私募股权融资，SpaceX 此轮融资的公司估值已经达到了 215 亿美元。截至 2017 年年底，该公司的融资总金额接近 15 亿美元。

落地重庆

研发攻关之外，火箭的测试、生产和组装也需要空间，零壹空间需要在北京之外寻找另一个“根据地”。

2015 年的夏天，北京航空航天大学附近的咖啡厅里，周文强见到了舒畅。同为北航的校友，周文强和舒畅走上了不同的工作轨道。身为重庆人，在大学毕业后，周文强选择回到重庆发展自己的事业，在重庆一家体制内单位做项目经理。这份工作在别人看来是稳定且安逸的，但周文强却经常加班、通宵，想去做一些不一样的事情。

当舒畅告诉他成立零壹空间的消息时，周文强就开始关注起这家公司，并和舒畅保持着持续的联系。有的时候，晚上下班回家，近一小时的车程里，他都是在和舒畅打电话交流想法。

作为中国最大的汽车生产基地、全球最大的笔记本电脑生产基地，重庆在制造业拥有完善的产业体系。2010 年，两江新区成立，以国家低空空域管理改革试点为契机，先期将通用航空产业列入了战略性新兴产业发展重点。2012 年，两江航投集团组建成立，规划了两江新区航空产业园，以发展通用航空为突破，统筹通用航空与运输航空“两翼”发展，经过几年的发展，实现了重庆航空产业从无到有，累计引进项目近 20 个，社会投资超过 500 亿元。

两江新区的航空产业发展迅速，但航天产业相关的企业还未有引入。周文强和舒畅建议，为什么不来重庆试试？

当然，在同一时期，已经不只有一个城市向零壹空间伸出了橄榄枝。其中有一个城市他们最为中意，不管在经济实力还是企业营商环境等方面，在全国都保持领先态势。市领导亲自和零壹团队见面会谈，表示对他们的欢迎，这件事甚至还上了当地的新闻联播，地址也都已经选好，就差签约了。

此刻，重庆方面也并没有打退堂鼓。他们极力邀请舒畅和团队再到重庆看看。舒畅当时并没有抱太大希望，他和团队几乎已经达成一致，选择另一个城市。

但来到重庆后的场景让舒畅意想不到。他和团队另一个人抵达约定地点，而重庆市政府来了十几个人，把他们两个人围住，“他们告诉我，一定要来重庆，别的城市能给的我们重庆都能给。”

重庆出色的产业布局和两江新区认真为企业服务的态度，最终打动了零壹空间。“这样的阵势，让我们有些受宠若惊，也足以看出重庆的诚意，以及对航天行业的决心。”舒畅说。

北京有丰富的航天领域资源，重庆两江新区拥有的电子信息、高端装备、通用航空等具有国际竞争力的新兴产业集群优势，将成为零壹空间发展的强大助推。

2016 年 11 月，零壹空间落地重庆，获得时任重庆市市长黄奇帆的亲自批复，与重庆两江新区完成签约。2017 年 5 月 18 日，零壹空间与重庆两江航空产业投资集团有限公司达成合作协议，商业火箭项目正式落户两江新区。两江集团认缴出资 7984 万元人民币，占重庆零壹空间总股本的 49.9%。

2017 年全国双创周，零壹空间作为唯一一家商业航天创新企业代表受到时任国务院副总理、中央军民融合发展委员会副主任张高丽的亲切接见。

一年后，周文强在舒畅邀请下正式加入了零壹空间，开始了一段与以往不同的工作体验，舒畅认为他非常适合做市场方面的工作，“你都能把我说服到重庆，做市场肯定没问题。”

零壹空间的落地，将把两江新区的航空航天产业提升到一个新高度。两江新区在通用航空、运输航空和航天三大领域完成布局，从而形成了一个完整的产业集群，初步具备支撑航空航天产业的基础。

在重庆市及两江新区管委会的大力支持下，零壹空间将在重庆打造国内首个民营商业航天智能制造基地。

在北京之外，零壹空间有了自己的“新据点”，发展的底气更足了。

第六章

掌声与批评

“零壹空间的这次成功发射，很有意义，我们可以为这次发射点赞，但不要捧杀。应该看到，与世界上大的火箭公司相比，中国的民营火箭公司还有很长一段路要走，必须走有中国特色的商业航天的发展道路。”

——黄志澄（中国空气动力学家、航天技术著名学者）

2018 年，中国航天发射次数达 39 次，超过美国的 35 次和俄罗斯的 20 次，首次位居世界第一。这一年，世界首颗月背中继星“鹊桥”成功发射；中国长征三号乙运载火箭在西昌卫星发射中心点火升空，成功将嫦娥四号探测器送上太空，标志着人类首次月球背面软着陆和巡视探测任务正式开启。一系列重大的世界瞩目的事件都在展示出，中国建设航天强国的水平正在大幅提升。

2018 年，对中国的商业航天来说，也是一个快速生长的年份。

2015 年至 2018 年 3 年间，中国的商业航天领域出现了近 100 家新公司，但前期由于政策门槛高、投资周期长、风险大等致使资本对于这条赛道一直抱持观望了解、谨慎投资的态度。与此同时，民营企业正在商业航天领域证明自己。星际荣耀和零壹空间分别成功发射亚轨道火箭、天仪研究院在轨 10 星、九天微星一箭 7 星……

根据北京未来宇航空间技术研究院公布的《2018 中国商业航天

产业投资报告》显示：截至 2018 年年底，国内已注册的商业航天领域公司有 141 家，其中民营航天企业 123 家，占比 87.2%。并且，北京聚集了国内超过一半的商业航天企业，这些企业大部分又集中在卫星应用和发射领域。

2018 年，这条赛道终于迎来了解冻期，成为各个投资机构与知名基金投资的关注热点。据统计，2018 年，几家火箭公司新一轮融资的估值或者预期估值均在 20 亿元人民币以上。

历经 3 年的拓荒之路，创新自研，重塑产业链，领跑的零壹空间正在赛道上加速。但作为先行者，加速也是一把双刃剑。

第二飞成功

乘胜追击。在“重庆两江之星”首飞成功之后，2018 年 9 月，零壹空间将发射自主研发的第二枚商用亚轨道火箭——OS-X1 火箭暨“重庆两江之星”。

和首飞不同的是，这次的发射将在中国酒泉卫星发射中心进行，这是零壹空间作为民营企业在国家发射场的首秀。

OS-X1 火箭暨“重庆两江之星”是零壹空间 X 系列的第二枚火箭。这枚火箭充分借鉴了首飞的试验结果，对相关数据及飞行情况进行了深度分析与评估，相比首飞，提高了多项的技术指标，对飞行试验平台做了进一步的创新优化，可以说是 OS-X 系列的升级版，也是零壹空间为了满足客户需求所提供的第二次商业火箭发射服务。

有了首飞成功的经历，舒畅和零壹空间团队对于 OS-X1 的发射保持更多的信心与底气。这次参与试验的研发团队，比首飞团队更加年轻化，很多人都是首次参与火箭发射任务，这是零壹空间的新鲜血液，为团队注入了创新的活力，作为初入商业航天的新人，他们急需经历这样一次神圣的时刻。

2018 年 9 月 7 日 12 时 10 分 03 秒，中国酒泉卫星发射中心，由零壹空间自主研发的第二枚商用亚轨道火箭——OS-X1 火箭暨“重庆两江之星”成功点火升空。全箭总长 10.2 米，箭体直径 0.85 米，起飞重量 8.1 吨，起飞推力 35 吨。该火箭全程在大气层内飞行，最大飞行高度约 35 千米，飞行时间 200 秒，飞行距离 169 千米，可为载荷提供 4.5 马赫的飞行速度，用于开展相关试验。

OS-X1 的发射顺利准确，有了首飞的发射经验以及自研发动机的技术掌握，X 系列的第二发火箭更加完善，发射成功在零壹空间团队的预料之中。作为火箭总体的技术负责人，李晓飞带领团队的同事一起到酒泉发射中心观看 OS-X1 的发射，给了更多同事从未有过的震撼体验。

更为重要的是，作为一家以运载火箭发射为核心业务的民营商业航天公司，零壹空间一直在为运载火箭的发射蓄力。而 X 系列火箭的两次成功发射，也对未来运载火箭系列的部分关键技术进行了验证试验，为其发射增添了技术保障。

和 OS-X1 发射成功同样令人兴奋的是，在同一时间点，零壹空间获得近 3 亿元人民币 B 轮融资。自 2015 年成立至今，零壹空间已经累计完成四轮融资，融资总额近 8 亿元。

资本正在加大助力的砝码，零壹空间仿佛迎来了自创立以来的高光时刻。

酒泉的星空晴朗美好，肉眼可见的满天星河令人陶醉，舒畅和身边的团队仰望星空，似乎感受到它对人类开拓航天事业的召唤。

鲜花与掌声

这一年，零壹空间收获了来自媒体与公众的关注与瞩目。

事实上，在 2017 年 12 月第一次试车之前，零壹空间还没有负责公关与宣传的部门，一直在埋头研究技术。甚至连公司的公众号也只是偶尔发一发，文章也大多是公司高层自己执笔。

也是在这个月，王莹入职了零壹空间，有媒体从业经验的她很快为零壹空间搭建了与外界沟通的平台。以第一次试车成功为契机，王莹邀请了各路科技口的媒体进行报道，引发了外界对于商业航天和民营火箭公司的更多关注。

宣传效应在 2018 年 5 月达到高潮。零壹空间“重庆两江之星”亚轨道商用火箭 OS-X 首飞成功后，各大媒体的镜头一时间全都对准了这家名不见经传的初创公司。“重庆两江之星”发射成功后的 4 天里，共有 400 多家境内外媒体对此进行了报道；百度网页搜索“两江之星”，达到 158 万个结果。

那段时间，舒畅和马超都在忙于应对各家媒体的不同类型的访问，几乎一天一个采访的节奏，这让零壹空间在2018年非常密集地出现在各大新闻的报道中。“中国的SpaceX”“造火箭的85后”“中国的埃隆·马斯克”……媒体习惯于把这家公司及它的创始人与美国的SpaceX和埃隆·马斯克对标，零壹空间一时间成了商业航天的明星企业，舒畅也成了这个行业中的青年代表人物。那一年，零壹空间几乎成为中国商业航天的民营企业发声代表，可搜索到的新闻也都集中体现在那段时间。

2018年7月，舒畅一连接受了四档重头访谈节目的采访，分别是《经济半小时》《面对面》《财经人物周刊》《走遍中国》，在央视的1套、2套、4套以及新闻频道播出。

《财经人物周刊》以“造火箭的85后”为题，对舒畅的过往创业历程，零壹空间的创立与发展，团队的管理与建设，“重庆两江之星”首飞现场等做了整体的系列采访视频报道，这段长达40多分钟的深度报道也是零壹空间首次全方位向公众展示自己。

《经济半小时》以“首枚民营商业火箭一飞冲天”为题，《面对面》以“舒畅：从零到一”为题，分别从不同的角度来呈现这股中国商业航天里的民营力量。

主流权威电视媒体的采访报道给零壹空间增加了很大的曝光度，这让公众知道，原来中国已经有一家可以发射火箭的民营公司，它就像是中国版的SpaceX。

媒体的关注持续不断。

在国外，美国CNN、英国路透社、日本NHK、新加坡联合早报、耶路撒冷邮报、芬兰“太空新闻”网站等在内的100余家境外媒体刊发与“重庆两江之星”火箭发射和重庆发展有关的报道。

在国内，包括人民日报、新华社、中央电视台、中国日报、中新社、中国国际广播电台、参考消息等央媒在内，共有300多家媒体推出相关重点报道。

《人民日报》（2018年05月18日11版）刊发《商业航天正发力》一文（记者 余建斌），提到首飞成功的OS-X火箭时这样描述：

“这枚‘民营商业火箭’有自己的特色，它将当前先进的工业基础、电子元器件和其他新技术应用在火箭研发全过程，并较大幅度地缩短了研制周期。这正反映了民营企业或民间资本进入商业航天领域的机会和优势：利用几十年积淀的航天基础设施、技术积累和现代材料、制造、信息等新技术，通过大的投入和人才汇聚，并配以市场化、商业化的运行机制，能够较快地获得突破。马斯克的美国太空探索技术公司的成功，也正得益于此。”

腾讯科技在重庆两江之星首飞成功后，发表题为《一文读懂“重庆两江之星”火箭发射：它是谁？》，对这枚自主研发的火箭及零壹空间团队给与了很高的评价：

“这是中国航天史上具有重大里程碑意义的时刻，不但是中国军民融合的创新典范，而且开创了中国商业航天历史上的发展奇迹和崭新起点。一群平均年龄仅有32岁的中国年轻科研团队，依托三轮融资的市场化力量，以及重庆两江新区航空航天产业发展的创新环境，成功实现了中国首枚民营自研商用亚轨道火箭首飞。”

质疑与批评

“零壹空间的火箭是拼起来的。”

蜂拥而来的媒体报道让舒畅和团队感到意外，但对于一个企业，尤其是一个初创企业来说，过多的宣传与曝光有时候也不完全是件好事。媒体的赞誉增加了零壹空间的知名度，但质疑也随之而来。

对于这个问题，舒畅也曾正面进行了回应：“做火箭是一个总体技术，就是要集成各方面的产品，才能把这个庞然大物送上天，本身就是要拼的。但拼的过程中，我们自己掌握了总体设计技术，火箭长什么样是我们设计的；火箭上的关键电子产品完全是我们团队自主开发的，连发动机都是我们自己设计的。所以说，这个‘拼出来’的东西，自主知识产权的含量还是很高的。”

在互联网上，有关“零壹空间不注重技术”等类似的质疑声一直都存在。对于舒畅来说，他从来不怕被质疑。从创立零壹空间之初到现在，他就是一路在质疑声中坚持下来，才有了现在的成绩。

舒畅并不是一个高调的人，他清楚地知道，媒体对于零壹空间的宣传都是自主发起的，并不可控。但仅靠宣传报道并不能让一家企业走得更远，喧嚣过后，把注意力聚焦在技术与业务上才是正道。

对于联合创始人马超来说，这个行业需要鼓励，也必然会有质疑。

“但大家都是从鼓励的角度去质疑，正因为有质疑，才能让我们从另一个角度去看到大家在担心什么，如何才能做得更好，这些质疑对零壹空间来说都是正向的、激励的，未来重要的是少说话、多做事，更多聚焦公司的业务呈现。”

舒畅和马超开始有意识地降低接受采访的频率，的确，在这段时间之后，你在网上几乎再看不到有关零壹空间的大幅报道，仅有的可能只是某个阶段性成果的展示报道而已。

鲜花与掌声，质疑与批评，媒体的关注与报道让零壹空间身处两极分化的效应中。但不可否认的是，媒体的密集报道带给零壹空间的正面效应更为突出。

随着公司知名度的扩大，更多的行业人才纷纷前来想要加入零壹空间，这为零壹空间吸引了更多优秀人才，壮大了团队力量。权威媒体的背书也为零壹空间争取政府资源增加了助力。

早在 2017 年 9 月 15 日的双创周活动上，时任中央政治局常委，国务院副总理、党组副书记张高丽参观了零壹空间的展台，舒畅向张副总理汇报了公司的项目进展和技术成果。

2018 年 10 月 25 日，北京市政府举办民营企业家座谈会，零壹空间作为北京市重点民营企业代表受邀参加，落实习近平总书记给民营企业家回信的重要指示精神。会后北京市委书记蔡奇指示北京市副市长及各有关部门询问并积极协助解决公司发展遇到的挑战。

OS-X 系列火箭发射成功，B 轮融资顺利完成，媒体公众的关注瞩目，政府领导的视察鼓励……这一切，都发生在 2018 年。2018 年年初，零壹空间团队规模迅速扩大，从最初的几个人发展成 200 多人组成的年轻团队，平均年龄仅有 32 岁。

企业在快速发展的过程中往往会经历人才的流动与更新，零壹空间作为最早一批进入商业航天领域的民营企业，就像这个行业里的“黄埔军校”，培养孕育了很多优秀的行业人才，对零壹空间来说，公司人才的流动更新，其实也是在为商业航天产业输送力量，助力更多其他企业发展，使整个行业能够更加良性地运作起来。

作为一家民营商业航天企业的先行者，它所要探索的并不仅仅是技术和商业模式，在成立 3 年间，零壹空间踩过了很多“坑”，他们的专注力几乎全部放在了技术身上，但在攻克技术难题，顺利发展的同时，创始人和团队开始思考，如何才能更好地管理与运营一家商业航天企业？

零壹的文化

2018 年 8 月，零壹空间在北京的办公地址由大族企业湾搬至同在亦庄的经开壹中心，位于经海一路和科创十二街交会处，与京东总部同处于科创十二街。这里已入驻包括京东商城、金风科技、京东方、酒仙网等知名企业。

和以往租下办公场所不同的是，这次零壹空间在经开壹中心买下了其中一整栋楼，楼高 6 层，在绿树掩映间，能远远看到楼身简洁的

“One Space”的 LOGO。

穿过一条小径，便来到了公司的正门口，透明玻璃的自动门感应打开，宽敞明亮的前厅进入视线。在前厅一侧摆放着 OS-M 系列火箭模型，是在向访客展示，现在进入的是一家与火箭有关的公司。来到零壹的访客会拿到一张通行证，第一行写着“无畏 极致”四个字，下面一行字稍小些：“成为世界一流的商业航天集团”。

继续上楼，第三层和第四层是零壹的主要办公空间。整体装修以白色和蓝色基调为主，这也是公司 LOGO 的主要颜色。办公空间宽敞明亮，在墙上还能看到不同的标语，如“打造员工命运共同体，成为航天界华为”“整风提准，从干部做起”等，体现着零壹空间自己的企业文化和价值观。

作为创始人、CEO，舒畅并没有给自己设置独立的办公室，而是和大家坐在一起办公。他的工位在一个靠窗的位置，看上去简单整洁。除了日常办公需要用到的电脑、文件和水杯以外，桌上还摆放了几张照片，一张是和自己家人的合照，舒畅抱着女儿，紧挨着太太，笑容灿烂。还有一张是舒畅和黄奇帆的合照，这是 2017 年 10 月在十九大“砥砺奋进的五年”大型成就展上，黄奇帆作为第十二届全国人民代表大会财政经济委员会副主任委员去巡展时拍摄的。

在照片旁边，还贴着几张黄色的便利贴，上面用黑色签字笔写着工作备忘录，其中一张罗列了当前的主要问题，包括融资、火箭发射和市场目标完成情况等。

舒畅一直让自己处于学习的状态，这一点从工位旁边的书架中可以看出来。书架上摆放了各类图书，《航天工程学》《运载火箭工程》《航天工程技术风险管理方法与实践》……除了这些与本行业相关的航天理论知识外，你还能看到《国家发展战略与宏观政策》《黑天鹅》《金融改革》《复杂经济学》等与经济和金融相关的书籍，以及《商业的本质》《创业维艰》等关于创业和管理的书籍。有趣的是，他的关注点并不止于此，科幻小说《三体》、中华经典藏书《古文观止》、国学经典《兵经百字 唐李问对》、外国经典文学《屠格涅夫文集》等，都出现在他的书架上，和放在桌上印有“广阔天地大有作为”的复古搪瓷杯形成了一种时空错乱的有趣观感。

继续上到顶层，是员工的茶歇区和接待访客的会议室。茶歇区非常宽敞，有蓝色的环形沙发，装满零食和饮料的冰箱，可以容纳公司员工举办各类活动的场地，以及露天的阳台。在这里的墙上，你依然可以看到醒目的标语，“公司越好，员工就一定要更好”。这是零壹空间为员工设置的一片服务性区域，商业航天是一个需要不断去创新的行业，工作强度大、压力大。因此顶层的这块场地对于零壹的员工来说很贴心，累了可以在环形沙发上小憩，饿了可以在零食柜里自取食物补充能量，定期还可以举办各类活动和小型会议，一举多得，让员工在工作中也能获得放松的时刻。

随着北京公司的整体搬迁，零壹空间在位于重庆两江新区龙兴工业园区的火箭智能总装制造基地一期也已建设完毕，2019 年 3 月已经正式投产，这里将承担火箭的总装总测、电装、卫星测试、复材制造及试验等工作。到 2020 年，该基地可实现年产 30 发以上 OS-M 系列火箭和 20 发以上 OS-X 系列火箭的能力。

随着火箭智能总装制造基地的投产，舒畅和团队也决定把零壹空间的总部迁至重庆，形成了北京重研发、重庆智能制造的格局，负责火箭总体研发的人员也会陆续到重庆报到。

两江新区是继上海浦东新区、天津滨海新区后，由国务院直接批复的第三个国家级开发开放新区。开车行驶在两江大道上，视野宽阔，道路畅通，在通航路和两江大道的交会处，矗立着一座白色的长方体建筑，这就是零壹空间的总部与智能总装制造基地。

和北京的公司比起来，重庆总部基地显得更为空旷，走进一楼大厅，和北京公司一样的陈列设置，三枚火箭模型摆放在大厅一侧。通过一道门，便能进入零壹空间的装配测试大厅，这是整个火箭智能总装制造基地的核心。

装配测试大厅跨度约 30 米，包含卫星装配测试间、工装存放区和产品存放间等，设有三台吊车及地轨。大厅里还摆放了许多火箭相关展品，包括“重庆两江之星”的火箭残骸、整流罩、空气舵、OS-X 水平架车等。

建筑的二层和三层由试验间和办公室以及员工的工位组成，从二层的内部透明玻璃可以直接看到一层装配测试大厅的全景。在重庆总部公司，舒畅设置了一间自己的办公室，以方便接待和会见政府领导及各类客户。这间办公室风格是企业 CEO 的标配模式，黑色真皮沙发和老板座椅，实木的办公桌及同色系书柜，整个办公室宽敞明亮，可以通过透明的落地窗看到外面的风景。

在这里，不管是 CEO 舒畅，还是各部门的普通员工，统一都是西装衬衣，打理利落的发型，以及擦拭干净的商务皮鞋。每个人看上去都忙碌而专注。

零壹的企业精神

《小王子》里这样说过："如果你想造一艘船，不要鼓励人民去伐木、去分配工作、去发号施令。你应该做的是，教会人们去渴望大海的宽广无边和高深莫测。"

这就像是企业的愿景，是企业的信仰，它可以激励员工奋勇向前，拼搏向上。"想要成为什么样的公司？""什么才是公司的初心？"。当公司的愿景被清晰定义，同时广泛地向员工传达之后，员工才会真正在精神层面与公司站在一起，与公司形成命运共同体。

对舒畅来说，制定企业的愿景具有很重要的宏观意义。走进零壹空间，你会首先看到这家公司的愿景——继承两弹一星精神，聚集航天技术人才，全心全意为宇航及国防军工服务，成为世界一流的商业航天集团。

零壹空间所奋斗的事业，员工所秉持的精神，都在诠释着这家公司的愿景，你能从每个人脸上的专注与每个产品追求极致的细节中读到。

在零壹空间的管理手册上写道："世界上一切资源都可能枯竭，只有一种资源可以生生不息，那就是文化。毫不夸张地说，企业文化是企业的灵魂，是企业活动中的一个统帅，是企业行动的指南。"抓文化是企业 CEO 不可推卸的责任，也是作为一个领导者必须要去考虑的核心问题。

零壹空间每个员工的工牌卡上，除了公司 LOGO 之外，还写着四个字"极致 无畏"，这概括了零壹空间独有的企业精神。

零壹空间建立之初，团队仅有一二十人，企业需要文化精神，舒畅想了一个办法，让每个团队成员用 4 个形容词来总结其他同事身上的特质，最后得到十几组词，并进行排序。最终，出现频率最高的有四个词：无畏、极致、融合、创新。

舒畅和马超很认同这四个词，但融合和创新，似乎在任何一家企业都可以适用，而作为一家民营火箭公司，无畏和极致则更能体现这个行业的特点，无畏的勇气，极致的追求，更符合零壹团队的气质，大家都有勇气去打破不可能，去走不同的路，并且会给自己提更高的要求，秉持严谨的工作态度，愿意将任何事情做到极致。

由此，"无畏"和"极致"作为零壹空间的企业精神，作为标语被印在公司的各类宣传册、工牌等醒目的地方，一直沿用至今。

华为的价值观有三句话：以客户为核心，以奋斗者为本，坚持艰苦奋斗，这三句话解决了企业的价值观创造的三件事：价值来源、价值评价、价值分配。也就是说你为谁创造价值，谁给你提供价值来源，在创造价值的过程中如何进行客观评价、以实现公平分配，从而实现价值再创造的激励问题。

任正非对企业文化的理解是：“我们的企业文化，绝不是让各级干部又凶又恶，文化给大家提供了一个精髓，提供了一个合作的向心力，提供了一种人际相处的价值观，这种价值观需要人们心悦诚服。我们强调奋斗，并不是逼迫员工，员工只需要在法律的框架下，尽职尽责工作就行。”

零壹空间的价值观同样是三句话：以客户为中心，持续研发投入，打造员工命运共同体。前两句“以客户为中心，持续研发投入”是对外的，最后一句“打造员工命运共同体”是对内的。这三句话在零壹空间的办公楼里随处可见。

“马云说过，客户第一，员工第二，股东第三。为什么要说这个话，说给谁听，要达到什么目的，其实很多人不懂。零壹空间经过这几年的沉淀，懂一些了。”在舒畅看来，以客户为中心，持续研发投入，就是明白企业的价值是什么，不要被外界的荣誉冲昏头脑，作为技术公司，要给客户拿出好的产品。

在零壹空间，客户是第一位的。“以客户为中心，持续研发投入是一整句话，客户是第一位的，我们研发投入的方向是针对客户的需求，而不是我们个人的需求。”

任正非曾说，离开了客户，我们什么都不是。但在舒畅看来，中国的商业航天行业却并非如此。大家都在强调自己的技术有多么先进，却从不考虑客户真正的需求，技术再先进，客户不需要又有什么用呢？

商业航天领域缺乏服务客户的意识，因而它的技术进步是缓慢的，严重依赖于客户提出的任务书。但这成为零壹空间的机会，也是舒畅引以为傲的一个重要部分。那就是以客户为中心，研究客户的需求，洞察客户的需求，通过持续研发投入，拿出好的产品。

而打造员工命运共同体是以奋斗者为本。为公司创造价值的员工才是好员工。同样，对于公司来说，公司越好，员工也一定会越好。

“打造员工命运共同体”这句话谁都会说，但关键是如何去做。对此，舒畅也有自己的想法。“这个公司不是我一个人做起来的，是大家一起做起来的。那就让这个群体能够共同分享公司发展的利益，分享公司的成长。”

为此，舒畅和团队正在计划制订一个“共同体计划”，类似华为的“奋斗者协议”，比如符合一定条件并且接受放弃公司给予的额外带薪假期（非带薪病假及春节假期）等条件，便可以加入这个计划，未来可以根据自身业绩、工作年限以及职级等拿到一定的原始股，“如果未来公司上市，我们的员工也可以买得起学区房”。

第七章

成功背后的修炼哲学

作为 CEO，只有天天想 100 种死法才不会死。

——舒畅

被誉为“现代管理之父”的彼得·德鲁克在《管理者的定义》一书中提道：“管理就是界定企业的使命，并激励和组织人力资源去实现这个使命。界定使命是企业家的任务，而激励与组织人力资源是领导力的范畴，二者的结合就是管理。”

如何管理好一家企业是作为创始人、CEO 需要去不断探索的永恒命题。

以 SpaceX 为代表的新兴企业的快速崛起，颠覆了航天产业的传统发展理念和商业模式，将商业航天产业推向了新的高度。而中国航天发展历经 60 多年，目前航天领域的国家项目，更多的还是计划经济式的自建自用。

2015 年，我国的商业航天破冰起航，处于初期起步阶段。作为在中国商业航天的第一批探路者，和零壹空间一样的民营企业需要在中国传统航天发展模式之外，探索出一条适用于商业航天的新模式。

对于企业的带头人，也提出了在管理上的新挑战。

如何管理好一家民营商业航天公司？对舒畅来说，华为的管理理念是最好的借鉴与参考。任正非是他最欣赏的企业家，零壹空间立志成为“航天界的华为”，因此，通过零壹空间的管理模式，你可以感受到很多“华为风格”。

从无序到有序

创业之初，零壹空间团队只有几十个人，没有太多的业务和客户，所有人都专注在研发上。在公司没有领导与员工之分，姜海涛记得，那时候大家每天都在一起吃盒饭，像一个和谐的大家庭，公司没有专门的制度条例，所有人都在自发地工作。

作为企业的创始人，舒畅知道构建管理模式的重要性。最初，他认为商业航天企业可以和互联网企业一样，拥有自由轻松的工作氛围，所有人在一起办公，称呼也可以相对随意，上班的时间、穿着，都不需要刻意规定。零壹空间也确实在初期延续了这样的管理风格。

直到2018年，“重庆两江之星”首飞成功，零壹空间迎来了自己的高光时刻。媒体的关注，领导的视察，政府资源的倾斜，让公司从此踏上了新的发展台阶。

欢喜之余，舒畅也逐渐发觉，如今的互联网式管理风格并不适用于现在的零壹空间，或者说，并不适用于商业航天企业。

作为商业航天企业，主要面对的常是党政军机构的人，这是一个严谨、正式、雷厉风行的群体，作为航天领域的高科技企业，展现的风貌当然不能与之相悖。

在北大光华管理学院学习时，舒畅经常能够听到关于企业战略与管理在不同发展阶段调整的案例。现在看来，曾经的管理方式已不能适应现在的发展，他知道零壹空间到了需要改变的时候。很快，他重新梳理了公司的愿景、战略、管理与文化，定下新的规章制度，开展“整风”行动，让零壹空间焕然一新。

在这份新的规章制度里，细致到开会座位排序、发言顺序甚至员工的着装。上班期间，禁止T恤、拖鞋等休闲着装，取而代之的是正式的西装与衬衣。

改革创新必然会招致不满和质疑。这在零壹空间也不可避免。曾经如此自由轻松的家文化氛围，如今被严格的规章制度取代，引发了团队中很多人的不适应与埋怨，有的员工甚至因此选择了离开。

舒畅当然听到了埋怨的声音，但他从来不会人云亦云，他相信新的管理模式会让大家看到好的效果，从而逐渐把团队从无序转变为有序的管理中。

团队不断扩大的同时，舒畅发现公司还面临一个现实问题：零壹空间团队很年轻，被提拔成为管理者的都是年轻人，没有当过管理干部的经验，不知道该怎么去做管理工作。

为了便于今后公司的管理发展，舒畅根据实际发生在公司的案例，进行总结思考，系统编写了一本专门讲述管理理念的小册子《从管理入门到领导者》，由“管理者入门三大法宝”“管理者进阶四步法”“从管理者到领导者”三部分组成，供公司各部门管理者参考学习。

比如，第一，站位问题。以前作为普通员工时，不存在站位问题，但现在成为中层管理者，对上对下都要负责，如何权衡？在遇到矛盾时如何解决？第二，如何达成共识。对于管理者来说，开会应该怎么开？这是一个看上去很简单的问题，但在零壹空间却出现了奇怪的现象，由于团队里技术人员占了大半，在开会的时候，大家并不注重座位和发言顺序，正常情况下，开会时领导一般都坐在中间，而在零壹空间，开会时领导经常坐在角落。在舒畅看来，合理的座位座次和发言顺序，有助于提高开会的效率，以及团队在讨论问题时达成共识。这并不是形式主义，而是作为管理者需要注意的基本细节。

两面CEO

在零壹空间的管理手册中，这样定义“一个好的领导者”：不仅要埋头苦干，还要有长远的眼光和广阔的视野。不但要立足当前，还要考虑企业未来的发展方向，例如企业的愿景、战略、制度、用人和文化。

作为零壹空间的领导者，自创业以来，舒畅一直保持精神的高度集中，很少松懈。每周末回家一天，已是比较理想的状态。而现在因为公司总部迁到重庆，他更多时间会是在重庆办公，有时候最长 20 天才能回一次北京的家，陪伴家人的时间珍贵而匆忙。

所有的采访对象在谈起舒畅的时候，都表达了对他的欣赏。在员工看来，他是一个追求极致，对工作完成度要求极高，甚至很容易因为没有达到要求而大发脾气的 CEO，员工对他都有一份“敬畏”，有点怕他。在投资人看来，舒畅是一个具备潜力与高素质的优秀创业者，他非常聪明，商业悟性高，学习能力超强，又谦虚务实。

在零壹空间重庆总部的 CEO 办公室里，藏蓝色西装、白色衬衣、黑色皮鞋，头发梳理得利落有型，舒畅坐在办公桌前，神情严肃，正是一副年轻有为的标准 CEO 模样，和在咖啡厅接受采访时见到的休闲状态完全不同。

舒畅说自己是一个极具两面性的人。在工作时，脾气很大，导致员工都很怕他。自己总结原因有二：第一，在零壹，他需要长期领导一批比自己年龄大很多的员工。第二，作为企业一把手的标准和执行力一定要非常高，否则越到下面，执行力越差。因此，他有意识地不允许员工在他这里犯错。“比如，一个方案，如果汇报到我这里的时候还很烂，那中间的管理就是失效的，总监和总裁办为什么对 CEO 还交出这样的东西？我不接受，并且不会看。”

CEO 的高标准对于零壹空间的员工来说是家常便饭。于悦经常为此觉得自己做得不够好，怕跟不上公司发展的节奏而拖后腿。在压力很大的时候，她常常会哭，有时候也会因为工作问题而被 CEO 骂哭。

但再严格的 CEO 也有柔和的一面。在于悦转做财务期间，因为从业经历和教育背景不算科班出身，半路出家，工作起来总是感到没有底气，但舒畅不断给她鼓励，帮助她树立自信，让于悦变得更加坚韧，遇到问题不会先抱怨逃避，而是想办法解决，这让现在的她比以前更加强大。

舒畅的两面性还表现在，工作中虽然雷厉风行，但在生活中却是一个很“放空”的人。作为 CEO，每天需要做各种大大小小的决定，让他感到疲惫。工作之外，他让自己放空，不去做任何决定。“我的衣服没有一件是自己买的”。舒畅指了指自己身上的休闲 T 恤，“我的秘书以前会问我吃什么，但现在也不会问了，由他们自己决定。”舒畅笑着说，自己在生活中要求不高，穿得干净，吃的有点辣味就好。

作为创业公司 CEO，选对联合创始人意味着公司成功的概率加大。在舒畅看来，找一个好的联合创始人比找创始人还难。因为联合创始人不仅要具备和创始人一样的素质和能力，同时还要甘于做公司的第二号人物，需要有很大的胸怀。

能够找到马超作为零壹空间的联合创始人，舒畅觉得非常幸运。马超在技术上的权威与舒畅在战略管理上的经历形成互补，两个人认同对方身上的优势，互相学习，相处和谐，很少产生大的摩擦。每当舒畅因公司发展而压力过大时，他总会通过不断表达宣泄、释放压力。通常他会第一时间打给马超，因为同在创始人的站位，马超是最能理解他的人。这或许是创始人和联合创始人最好的相处模式了。

知人善任　人尽其才

一个 CEO 在创业早期可能要花一半的时间去处理“人”的问题。舒畅也不例外。

创业的过程，对初始团队来说，是一个需要不断提高学习能力的过程。随着企业的快速发展，团队会注入更多优秀的人才，对于学习能力的要求也在不断加强。当然，问题也会随之出现，早期团队的成员有的会跟不上企业发展节奏，而导致掉队。

这与乔布斯在创立苹果之后，它的前 50 名员工都没有拿到股权是一个道理。初创企业的快速发展，给早期团队提出了更高的要求，如果只是停滞不前，安逸于现在的状态，失去前进的动力，那他必将会出局。

对于企业创始人来说，他又会面临另一个更纠结的问题，重情义还是重公司发展？舒畅认为自己是个容易心软的人。在面对这个问题时，他难以给出确定的答案。

舒畅有一条原则，在早期团队建立的时候，除了马超这位联合创始人之外，其余的人进公司都是从普通员工做起，不管是多么亲密的同学和朋友，都要遵守这条规则。随着企业发展，业务增多，对每个人根据能力高低进行提拔，目前零壹空间的管理团队就是这样形成的。

如何把一个人放到最适合，最能发挥其优势和价值的职位上，舒畅也在不断摸索。从情感因素上讲，早期团队都是他最亲密最信任的同学和朋友，他当然希望和这些人一路走下去，但有时往往事与愿违。创业就像长征一样，一开始踏上长征路的人未必会一起到达终点。

根据舒畅的原则，能力高低决定职位提拔。在零壹空间，很多早期加入的成员都是舒畅熟悉的朋友，但这并不是其衡量一个人能力高低的标准，有些人在公司发展过程中，逐渐跟不上节奏，舒畅及公司高层同样会秉持公平原则，提拔更有能力的人，而不是“老朋友”。

在舒畅看来，大家都在伴随零壹空间成长，不在意短期的利益，承认差距，虚心学习才最重要。但令人遗憾的是，有些人最终无法接受被能力更强者替代，选择了离开。

经历了这类事，舒畅发现，作为企业的创始人、CEO，在选人用人之时，也无法保证从一开始就准确无误，因为你不能去改变一些人。识别一个员工适不适合现在的职务需要时间，并且只有把他放到这个岗位上才能验证出结果。

姜海涛和于悦是典型的例子。作为清华大学电气工程系毕业的研究生，姜海涛最初是在零壹空间的电气部，在电气系统研发工程师岗位。但到了 2017 年年底，第一次发动机试车成功后，公司开始有了品牌宣传的需求，这也是姜海涛最感兴趣、最想尝试的工作，舒畅发现在电气部，他的工作积极性并不高涨，于是他把姜海涛调到了市场公关部，负责公司品牌的工作。这极大激发了他的主观能动性，做自己喜欢的事情，也发挥了他更大的特长，成为最适合他的岗位。而于悦在初期进入零壹空间时，更多做的是和以往在联想时一样的人力资源工作，但她之后更大的兴趣和精力则想要投入在财务工作上，于是舒畅给她机会尝试，于悦凭借自己不断学习和坚持到底的韧劲，从最开始的财务小白成为零壹空间的财务部总监。

优秀的领导者要有识人之智，在招聘员工时，重在看能力；在提拔管理者时，重在看态度。这是舒畅所说的“人尽其才”。作为 CEO，通过公司一到两年的发展，他完成了团队的二次打造，让更多人在合适的岗位上发挥自己最大的价值和作用。

第八章

短暂的寒冬

零壹空间，不会因为这次发射失败而倒下；我们的航天梦，也不会因为这一次的失败而放弃。

——舒畅

“目前全球成功发射运载火箭的民营企业只有美国的 SpaceX 和蓝色起源，如果我们这一发能够打成，我们会是中国第一个，全世界第三个打成运载火箭的民营企业。”

2018 年下半年到 2019 年上半年，中国商业航天第一梯队的民营企业在亚轨道火箭发射成功之后，开始摩拳擦掌，走出发射运载火箭的关键一步。对运载火箭行业来说，能否将载荷送入预定轨道，发射入轨是检验技术成熟度的唯一标准。谁会是第一家能够通过运载火箭把卫星成功载入轨道的民营公司，这对于整个中国商业航天来说，会是里程碑式的事件。

2019 年 3 月，零壹空间迎来自己第一枚运载火箭的发射。OS-M 运载火箭为四级固体发动机串联运载火箭，火箭全长 19m，起飞重量 20t，高度可达 200km ～ 1000km，能将所携带的航天器送入太空运行轨道，此次计划把零重力实验室的灵鹊一号 B 星送入距地 500

千米的太阳同步轨道。

舒畅希望这次的“首飞成功”依然属于零壹空间。

发射前夜

“即使把所有试验都试完，最后发射成功的概率也只有八五成吗？”距离发射时间越来越近，舒畅和马超常因发射细节在公司露台交流，缓解压力。“对。因为火箭发射是好多串行的环节，任何一个环节出问题，结果都是一样。”马超看着远方，淡淡地说。

“那这样看，发射出问题已经不是个小概率事件了。除了掉下来和没入轨之外，也没有别的可能性了。”

“嗯。”

这样的担忧在发射之前存在于每个零壹员工的内心。但不管如何，发射运载火箭是必须要迈出的一步，不能再等了。舒畅做好了接受任何结果的准备。

尽管在 2018 年实现了两次亚轨道火箭的成功发射，但舒畅却从没觉得这是一种成功。“零壹空间 2015 年成立，我们起了一个特别响亮的名字叫零壹空间，寓意是从 0 到 1，很多人会问我，这 1 指的是什么，我们想的就是一枚运载火箭。因此，我们心目中的从 0 到 1 一定是代表中国的民营企业把第一枚运载火箭送上太空。”

2019 年 3 月 26 日，舒畅乘坐飞机降落在甘肃酒泉，飞机降落时他感受到了剧烈的颠簸，外面风很大，在去往住处的车上，舒畅看到外面沙尘肆虐，心里的担忧再度涌上来。

3 月 26 日晚上，舒畅拨通了和马超的视频连线，马超已经身在酒泉发射中心，为火箭发射做前期准备工作。

“你那边风大不大？”面对舒畅的担忧，马超笑了，依然很淡定，“风不小，但对火箭来说不算大。根据现在的预报呢，火箭是没有问题的，可以按期发射。”

舒畅松了一口气。“明天马上就要迎考了，你现在感受如何？”

“哈哈，这一路走来接受的考试也挺多的。考试嘛，今天主要是好好休息。”

“你心可真够大的。”

“不过，也好多年没有考试了。”

“早点睡，做个好梦。明天迎来美好的一天。”

“好的，明天测控大厅会师。”

挂了视频电话，两个人却都没有回去休息，在露台上，看着夜晚酒泉的星空，想了很久。

此时，距离火箭正式发射还有 10 个小时。

失利　归零

2019 年 3 月 27 日，酒泉发射中心。

“30 分钟准备口令已下达，请 30 分钟撤离人员迅速撤离。”测控大厅里响起倒计时 30 分钟的口令。零壹空间的首枚 OS-M 系列运载火箭将在团队、投资人、媒体的注视下发射升空。

舒畅扭头对身旁的马超说：加油啊，这没别的要说的了。

“发射区人员请注意，15 分钟准备口令已下达，请发射区所有人员迅速撤离。”

离发射时间越来越近，测控大厅里的紧张气氛逐渐升温。

“各号注意，我是零号，一分钟准备。二十六号激活电池。”

“明白，电池激活正常，伺服一百正常。”

“20 秒，点火准备好。”

“10、9、8、7、6、5、4、3、2、1，点火！”

随着点火口令的下达，OS-M 运载火箭在巨大的轰隆声和火焰簇拥中升空。

张老师站在总控室，内心隐隐有一丝说不出的担忧。站在露天场地陪同媒体观看发射的姜海涛内心紧绷，紧盯着火箭升空的姿态，屏住呼吸，不敢眨眼。

酒泉的天空晴朗无边。火箭在蓝天中划过一道白色的上升弧线。

但十几秒后，姜海涛心里一咯噔，因为他发现，火箭很快像失去了控制，在空中打转，姿态失去了平衡，呈现向下的趋势，随后消失在人们的视野中。

45 秒后，OS-M 运载火箭姿态失稳，启动了自毁程序，落到了人们视线范围外的地面。

测控大厅里一片安静，零壹团队的所有人似乎都在这几秒之间静止了一般，看着屏幕上显示的火箭落到地面溅起的火花，像烟花一样短暂，很快消失了。

慢慢地，有人低下头，捂住了脸，有人还在呆呆看着眼前的屏幕，眼睛早已湿润，有人不相信这个事实，想要重新核查数据，还有人已经趴在桌子上，默默流泪。

“根据火箭飞行数据分析和监视计算，火箭点火，起飞正常，但火箭在一二级分离的过程汇总，姿态失稳，偏离安全管道，根据飞行结果评定，OS-M 运载火箭飞行试验失利。”几分钟后，广播响起，火箭发射宣告失利。

尽管之前已经有过其他公司发射失败的案例，但对于零壹空间团队自己来说，这应是一场必胜的战役。谁也没想到，战役刚刚打响，却很快走到了失败的结局。

在场观看的媒体同样给予了零壹空间很大的包容与理解，但新闻却不会等人，有关零壹空间发射失利的消息已经伴随着人们的遗憾通过互联网发布。

投资人夏佐全拿起手机，看到了即时的信息推送。作为一个征战商场多年的企业家和投资人，他显得平静和淡定许多。过去的人生经历和创业经验告诉他，没有人和企业会一直成功，一直顺利，在这个时间点，遇到一次失败，对于零壹空间来说，应该是件好事。这样团队才不会骄傲，不会犯大错。

投资人可以轻描淡写地说这是好事，但夏佐全知道舒畅作为企业创始人，面对团队的心血，内心一定顶着巨大压力。他很快给舒畅发送了一条信息，鼓励他不要气馁，关键是要找到发射失利的原因，吸取经验教训，在今后的发射中不要着急，争取做到更加可靠和完善。

在发射失利后，本来的庆功宴变得异常伤感。零壹团队的工程师们没有人说话，边吃饭边默默抹着眼泪。投资人们也都没有说话，张老师感受到舒畅在现场的巨大压力，他也编辑了一条短信发给舒畅：

“舒总，科研实验出问题不怕，咱们还有能战斗的团队，已经能把 0 变为 1，现在首要给政府和投资商、科技人员输入正能量，待飞行问题确定后，组织他们详细说明情况，提升他们支持零壹的信心；二是告知马超，先不要批评大家，分析一级发动机结束后为什么没有及时抛掉，二级发动机延时有些长，火箭有点下沉是什么原因，要好好分析；三是找我们的一二三级发动机分离设计是否满足要求，以及是否做好进一步的试车考核，结果是否可靠，从今天飞行轨迹来看，问题并不复杂，大概就出现在这几个环节中；第四，你和马总一定要坚强，能拼才能赢。”

正如张老师和舒畅所说的，目前最紧要的问题是尽快分析火箭发射失利的原因。在外界已经对零壹空间的此次发射议论之时，舒畅和团队第一时间组织多方专家对火箭飞行试验数据进行分析，定位故障。

4 月 1 日，零壹空间在微信公众号上公布了分析结论。“经过数据判读和分析，目前初步确定原因是箭上速率陀螺在火箭飞行 45.68

秒后出现故障，导致火箭姿态发散。”文中还表示，后续，零壹空间团队将全面落实故障改进措施，优化火箭性能，更好地开展OS-M系列运载火箭研制生产工作。同时，零壹空间也将协助客户迅速启动卫星的相关理赔工作。

先行者要面对很多未知的风险，但如果没有他们的探索，商业航天产业或许还是一片荒地。或许对比同行的竞争企业，他们的发动机更加成熟先进，但自研发动机给了零壹空间重新建造产业链的机会，这是企业未来可持续发展的坚实基础。

2018年，零壹空间确实走得很顺，接连两次火箭的成功发射给了团队更多的自信，但正如夏佐全所说的，走得太顺利，会容易骄傲，更容易暴露问题。作为发动机的主要负责人，陈煜哲也有自己的反思，OS-X和OS-M虽然技术相通，但也是完全不同的两个产品，“我们走得有点太着急了，这样容易出现问题。”接下来，不管在发动机还是系统的研制上，都要放慢步调，稳打稳扎。

一切归零，重新开始。

坦然面对变化

作为创业公司，过去几年的发展历程其实更像是不断填坑的过程。

“3月份发射失败，我心里预测过这个概率，”提起OS-M运载火箭的发射失利，舒畅平静地说，企业家都具有风控意识，舒畅也不例外，零壹空间发展到现在的阶段，一直以火箭的技术研发为中心，但产品周期长，甚至遇到发射失败这样的困境，会让企业大伤元气，一味依靠投资不是长久之计。

在商业航天这个行业，尤其作为火箭公司来说，前期研发投入大，后续发射周期长，动辄就是大级别的资金投入，如果没有足够的资金支撑，公司很难支撑下去。仅仅依靠投资人只能是一条腿走路，如何实现自我造血，变成两条腿走路，是更加亟待解决的问题。这时候，企业的自我造血能力显得尤为重要。

在一本名为《以客户为中心——华为公司业务管理纲要》的书中系统地从业务管理方面，揭示了华为成长历程所遵循的理念、战略与机制。其中有一节为“客户需求导向优先于技术导向”，任正非谈到，在国内重技术轻管理，重技术轻客户需求，是比较普遍的。但在他看来，企业要研究新技术，但不能技术唯上，而是要研究客户需求，根据客户需求来做产品，技术只是工具。“客户需要吃大米饭，我们就只能给大米饭，给他们珍珠、玛瑙都是没用的。”

互联网时代促进了各种新技术的产生，但它会大大超越人类真实需求，很多公司像崇拜宗教一样崇拜技术，导致最后的失败，这是先进技术与客户需求之间的矛盾。“要改变思维方式，做工程商人，多一些商人味道，不仅是工程师。要完成从‘以技术为中心’向‘以客户为中心’转移的伟大变革。”

OS-M 运载火箭的发射失利给了零壹空间更大的压力，但如果深入零壹去了解，会发现，它已经有了更超前的布局。

同为高科技企业，舒畅在研究华为的经营管理时学到了重要的一课，那就是以客户需求为企业发展目标，这也恰恰契合了零壹的价值观：以客户为中心，持续研发投入。在商业航天的民营公司，都在追逐这个行业最高端最顶尖的技术方向，这无可厚非，先进技术固然重要，但技术不能脱离需求，只有满足当下市场的需求，才能让企业实现可持续发展。

但当下的市场需求，是否已经做到了很好的满足？在舒畅看来，这类需求还有很多可以发掘的空间，这是零壹空间最好的机会。

加快商业化进程

怎么实现自我造血，两条腿走路？

早在舒畅创立零壹空间之初，就和马超一同探讨过公司业务和战略发展的方向。他们达成的共识是，零壹空间是一个火箭技术公司，要围绕核心的火箭技术去拓展更多的产品与技术服务，丰富业务形态。

因此公司在发展的前两年，也就是 2016 年到 2017 年，一直在摸索研究火箭技术，进行自主研发，重塑产业链。2017 年到 2018 年，周文强负责带队跑遍了全国的卫星企业，调研国内的卫星市场，评估卫星应用市场的需求。

随着公司发展进入第三个年头，以及基于对 OS-M 运载火箭发射失败的风控意识，舒畅决定自 2018 年 5 月正式加速零壹的商业化之路，调整了公司的组织架构，相继成立了四大事业部：发射事业部、电子事业部、动力事业部、卫星应用事业部，并分别在北京、重庆、西安成立了子公司。

发射事业部顾名思义是聚焦于火箭发射业务的部门，负责火箭的总体设计和研发以及火箭发射。这是零壹空间的“老”部门。

动力事业部则主要聚焦于火箭发动机的定制设计和产品研制服务，包括各类固体火箭发动机的产品定制与研制，系列拓展固体火箭发动机设计与研制，液体姿轨控发动机以及部组件产品的定制服务，由张老师和陈煜哲负责动力部门的总体工作。

市场客户的开发并不容易。零壹空间面对的竞争对手几乎都是体制内单位，民营企业在其中能否具有竞争力？这需要用产品和服务来验证。

作为零壹空间营销中心总监，江铭的工作是去市场上找到客户，找到需求，推介公司的产品。在江铭看来，民营企业在产品思路上会采用性价比更高，集成度更高的设计理念，最大的优势是整合供应商的资源，为客户提供性价比高的产品。

在零壹空间的介绍手册上列出了动力产品服务的优势；高性价比、短周期、高技术成熟度。它的动力产品采用了成熟技术和大批量产成熟材料，降低了各个环节的生产和研发成本，并且研发到交付周期大大缩短，还降低了技术风险。

零壹空间利用这样的优势渐渐打开了动力市场，目前已经有了几十家客户，业务量和产品都趋于成熟，客户量呈现增多趋势，并且获得了很高的满意度。

与火箭技术服务相关的另一个部门是电子事业部，由王伟毅和赵进东带队，专门进行电子产品及系统方案的设计与定制。

为“重庆两江之星”OS-X研制的一体化综合控制机是其中一个典型的产品。这套设备实现了小型化、轻量化、集成化，相较于体制内单位整套系统由几十个单机组成，零壹空间自主研制的这款一体化综合控制机采用高度的集成化的芯片技术，把所有单机功能集合到一体机里，尺寸仅有100毫米×88毫米×110毫米，重量不到1.8千克，却能实现火箭飞行控制、供配电输出、时序输出、测量、导航和遥测功能一体化的集成设计。

这样创新的产品自然受到市场的欢迎。很快，由一体化综合控制机还衍生出了一系列产品和服务，如制导控制一体化设备和微小型飞行器综合信息处理舱，微小型飞行器遥测舱以及核心板。

除了一体化综合控制机相关的产品和服务外，电子事业部还发展了多个业务模块，包括地面通信产品便携式地面站和综合电子通用测试系统；上面级测控设备与微小卫星测控数传一体化设备，以及一些系统解决方案和电子装配业务。

电子事业部的产品和服务特点很突出，一是集成度高，价格优势大。二是根据客户需求定义产品创新。即针对不同客户的需求提供不同于传统方案的创新解决方案。作为电子事业部的工程师，周志远对这样的创新十分认同，因为每天都可以针对不同客户做出不同的创新，让这份工作非常具有挑战性。

电子事业部提供的产品和方案服务已经趋于成熟，在市场上也获得了积极的反馈。目前客户遍布 5 个大区，已经成为零壹空间发展最迅速的部门。

与火箭技术服务板块并列的，是卫星应用服务板块。卫星是商业航天的核心环节。卫星制造、卫星发射、卫星运营及卫星应用几乎概括了商业航天的上下游。但在经过一年的市场调研后，周文强发现，国内卫星应用市场并没有想象中发展迅速，目前成长相对缓慢，还处于技术研发与前期融资阶段，技术风险较高。如今，民营火箭公司的发展速度已经超过了民营卫星公司。

对于政府和大型企业客户来说，卫星应用的牵引还不够，市场还需要去培育。零壹空间的卫星应用服务，主要聚焦在卫星遥感的地面监测，为政府提供决策服务。这是一个新的应用，目前在探索和培育阶段，可根据现有卫星进行服务，而未来要做的就是把它成熟化、产业化。

如今，与火箭相关的技术服务发展迅速，客户与项目接踵而来，在火箭的巨大投入占比之下，这成为零壹空间实现自我造血的重要途径，并且走在了火箭发射板块的前面。这是舒畅没有预料到的，并深感火箭技术服务市场的巨大。

商业航天是一个持续烧钱的行业，在这个领域创业，投入与产出并不成正比。

一个企业如果活不下去，还怎么投入去做技术？

活下去，是前提。靠自己活下去，是真理。

掌握主动权

任正非曾说过“如果说华为的成功有什么秘诀，那就是三十几年如一日地坚持以客户为中心”。加强技术转化后，零壹空间形成了一个核心价值观，就是以客户为中心，持续研发投入，打造员工命运共同体。

从“以技术为中心”转为“以客户为中心”，这个过程并不简单。在商业化探索的初期，公司产品不聚焦，没有核心竞争力，投入太分散，只要赚钱什么都去做，没有拳头产品和核心技术。后期通过学习挖掘客户的真正需求，例如发射车的维护成本、重复使用率等，才做到打造拳头产品，把握核心指标，成功围绕客户进行服务和研发。

如今，零壹空间致力于打造信息化、智能化、实战化的“火箭 +”产业服务平台，已开拓火箭和总体设计、无线通信、智能控制、数据采集及试验测试系统、保障装备、固体动力 6 大技术领域。多项产品参与了探月工程、深空探测、国产大飞机等重大战略工程，已服务 40 家卫星客户、100 余家军工企业客户，涵盖航空航天、兵器兵装、核工业、船舶等十大军工集团下属的相关院所、企业，产品与服务得到客户高度认可。

除了打造更专业的产品，还会到客户方进行技术培训和交流。结合客户的主要产品进行技术展开，力求将培训内容切实贴合客户的实际业务。有时由于客户要求做系统性的培训，内容“大而全”，涉及对飞行试验方方面面的技术梳理。零壹空间的火箭设计部全体人员培训前经常全体通宵，准备长达120页的培训材料。在客户看来，这样毫无保留、倾囊相授的培训交流是从没有遇到过的，在零壹团队看来，这样的培训拉近了和客户的距离，让客户肯定了公司的技术实力和服务能力，为未来更好地扩展业务奠定了基础。另一方面，公司通过和客户的沟通，也能更精准理解客户需求，明确未来的技术和业务方向，在成就客户的同时提升自己。

在商业航天领域已经有这么多的公司，但舒畅庆幸，零壹有了自己清晰的发展方向和商业模式。

投资人夏佐全也为此感到骄傲。他赞赏舒畅在商业上的悟性。“如果你只是做一个运载火箭，帮别人发一下商业卫星，短期内做企业运行不一定有那么多的收益，盈利遥遥无期。但现在零壹不仅只做火箭本身，还要去做火箭相关的技术服务等，把主动权掌握在自己手上，这样的商业模式我非常欣赏和赞同。”

“这种科技企业不能去烧钱，必须要找到在商业上突破的方向，即使主业不赚钱，也一定要找到赚钱方向。”在夏佐全看来，零壹空间是目前所有做运载火箭的公司中商业落地，商业化思路和进程做得最棒的企业，“这让我们作为一个投资人可以很骄傲地说，我们又看准了一家企业和一位企业家。”

第九章

困境中的深耕

零壹空间，本就寓意从零到壹，从无到有。这次发射失败，无非是让团队在入轨运载火箭方面，回到最初的状态，一起重新开始，继续探索。

——舒畅

“从创业第一天开始，就梦想着有一天中国民营火箭能够实现从零到壹。3月底的发射失利让我和团队亲历了运载技术的极致挑战，也感受到了宇航事业的艰难。今天同行取得突破，祝贺，祝福。零壹也要加油咯！”

2019年7月25日下午2点，舒畅在朋友圈发了这样一段话，下面是一条新闻的链接，题目是“星际荣耀双曲线一号遥一运载火箭成功发射”。

就在一个小时前，酒泉卫星发射中心，北京星际荣耀空间科技有限公司（下称“星际荣耀”）的双曲线一号遥一（SQX-1 Y1）长安欧尚号运载火箭成功发射，按飞行时序将多颗卫星及有效载荷精确送入预定300公里圆轨道。

中国的民营火箭公司终于迎来了运载火箭发射零的突破。舒畅由衷地感到高兴和欣慰，他知道中国的商业航天太需要这样的一次成功。

没有能够成为中国第一家成功发射运载火箭的民营企业，这对于舒畅来说，并不像外界想象的是一件无比沮丧的事情，零壹空间更不会一蹶不振。“不要把一时的成败看得太重。”零壹空间需要掌握好自己的节奏，不被外界所影响。在运载火箭技术和发射方面奋起直追，同时在火箭技术服务方面充分发挥自己的优势，加速前进。

绝不放弃

2019年，是零壹空间归零之后，潜心于市场和产品研发的一年。

这一年，零壹空间在拓展商业化布局的同时，加速了研发的脚步。2019年5月21日，零壹空间自主研发的2500N双组元轨控发动机热试车取得成功，有力地证明了零壹空间上面级液体火箭发动机的自主研发能力。6月25日，零壹空间自主研发的300N双组元姿控发动机热试车又取得成功。

后续零壹空间还会有火箭发射计划。其中，亚轨道火箭OS-X6的发射主要用来验证运载火箭的一些关键技术，把之前没有吃透的技术吃透，通过飞行验证、收集、对比数据，遵循研制规律，科学决策，为OS-M2运载火箭的发射奠定科学的基础。

为了将运载火箭成功发射，零壹空间在原有的北京研发总部基础上，于重庆的集团总部设立了火箭设计部，集团总裁兼CTO马超亲任火箭总师，全力投入火箭的设计和研制工作。

火箭设计部是综合性、系统性、技术力量雄厚的火箭设计研制部门，致力于推动整个商业航天领域的前沿技术发展。火箭设计部将最新研究成果快速转化到关键火箭产品中，为客户提供更具性价比的飞行体验服务；同时，着眼于下一代航天技术的研究，助力实现长远发展战略和对未来商业航天的美好构想。

自主研发能力在不断增强，市场客户在不断拓宽，零壹空间在自己的节奏中稳步前进着，为迎接下一次的成功，所有人都在竭尽全力。

作为企业的 CEO，舒畅总是会想得更远一些，在如今中国的商业航天领域，火箭公司越来越多，零壹空间已经不再是唯一营业执照上写着“运载火箭研制”的民营企业。每一家公司都必须有它存在的价值，否则就会被淘汰，就会陨灭。

那么，零壹空间的核心价值和竞争力是什么？

零壹如何创造价值

2020 年 2 月 3 日，是零壹空间春节之后复工的第一天。此时的中国正处于新型冠状病毒的阴霾之中，所有人都在家中等待着疫情的拐点。

这一天来到零壹空间北京研究院的仅有集团 CEO 舒畅、总裁马超、副总裁王伟毅和几位共同体员工。虽然是长假后的第一个工作日，但他们今天的工作内容却非常重要且紧急，按照年前的计划，2 月底就要确定亚轨道火箭 X6 飞行试验的验证技术，完成可行性论证报告。今天要把 2 月份的论证工作布置好，按 CEO 舒畅的要求围绕“产品价值创造”重新梳理年前提出的单项验证技术。但显然大部分员工对这个“要求”还有点陌生，整整一天也找不到思路，还在年前“以我为主”的技术验证中不能自拔。

晚上下班之后，零壹空间集团总监级以上领导干部收到了 CEO 舒畅新年之后的第一封邮件，附件是关于“零壹空间如何创造价值”的一封信。

在信里，舒畅提到，零壹空间在创立初期是中国第一家营业执照上写着“运载火箭研制”的民营企业。但当行业往前发展，火箭公司越来越多，零壹不再是唯一的时候，就要开始思考三个问题：Who we are？ What we do？ How we make values？

关于 Who we are。新时代的中国正在为实现中华民族伟大复兴的“中国梦”而努力奋斗，一流的国家要有一流的国防、一流的科技、一流的航天技术，也就注定需要有志向远大的商业航天集团挺身而出。因此零壹这一群青年人站出来，将企业的愿景和使命确立为“继承两弹一星精神，聚集航天技术人才，全心全意为宇航及国防军工事业服务，成为世界一流的商业航天集团”。而后公司依据愿景提出了《2019 年至 2049 年中长期战略规划》，把公司的发展目标和国家“两个一百年”的奋斗目标紧密结合起来。

关于 What we do。 零壹空间创立的初心就是要发射火箭，随着企业的发展，后来成立了电子事业部，自主研发火箭发动机。就像“两弹一星”的前辈们一样，走独立自主的道路。所以到今天，零壹已经不仅仅是一家火箭公司，而是一家火箭技术公司。零壹服务的客户也从近 40 家卫星客户，进一步拓展到军工领域，涵盖了航空、航天、兵器、兵装、核工业、船舶工业等国有科研院所的 100 家客户，参与到深空探测、探月工程及大飞机等国家工程。

关于 How we make values。任何公司都必须有它存在的价值，否则就会被淘汰、就会陨灭。

那么零壹空间存在的价值是什么?

在舒畅看来，作为一家火箭技术公司，硬科技公司，它的核心价值不是“低成本”“服务好”，也不仅是“梦想”，而是创造有价值的产品。

借用经济学的概念，所谓产品价值，指的是产品满足客户需求的效用减去产品的使用成本，即产品价值（V）= 效用（U）- 成本（C）。

产品满足客户需求的程度可分为三个层次：可用、好用、爱用。第一层次是可用，满足了客户所提任务书的指标要求；第二层次是好用，满足了客户在具体场景中的使用需求；第三层次是爱用，满足了客户潜在的深度需求。满足需求的程度越高，效用（U）越高，所创造的产品价值（V）越大。同样，产品设计得越便宜越好用，成本（C）越低，所创造的产品价值（V）越大。 所以公司不能简单地追求低成本，而应该追求产品价值的最大化。

如何更大程度实现产品价值创造？技术创新是一个重要手段。比如通过提升推进剂的比冲，可以提升运载火箭的运载系数，卫星客户的效用（U）会提高。通过无人驾驶和自动对接技术，让发射装置可以部分、多次重复使用，总体单位单次发射的成本（C）会降低。

技术创新是实现产品价值创新的重要手段，但并不意味着产品价值等同于新技术。这需要更深层次的探索，通过市场细分，发现新的使用难题要解决，新的技术需求由此产生。通过反复与客户沟通以及自身的深刻洞察，发现客户存在的某些需求痛点。保持强烈的竞品意识，并总能以十倍法则拿出更卓越的产品，解决客户痛点的公司才往往能够成功。

“Genius is not about making complicated things. It's about making complicated things very simple.Making things simple and beautiful.”就像乔布斯一样，通过简化设计为普通百姓带来的使用成本（C）的下降以及效用（U）的提升，都可以成为一个公司的制胜法宝。

追求卓越

在舒畅看来，马斯克和乔布斯之所以能够创造改变世界的伟大产品，除了有敏锐的市场需求洞察力与较强的技术整合能力以外，还有，还有四个共同点：充满好奇的探索、量化思维的有效运用、对产品的极致追求以及超于常人的冒险精神。

“有人能够做出像飞机一样可以重复利用的火箭吗？”有关使火箭安全返回地面、并成功降落的技术已经困扰了人们数个世纪之久。马斯克却采用了一种截然不同的研究方法，希望通过打造出一款可以为身处太空的空间站运送物资，并可以垂直回到发射地点，实现人类长久以来梦想的“可重复使用火箭”。如今，靠着这样强烈的好奇心驱使，马斯克已经实现“猎鹰 -9”的重复使用，人类前往太空的成本得到大幅降低，这一技术的出现也成为人类太空技术的又一项重大革新。

“为什么手机一定要有键盘？”在乔布斯看来，在手机上堆砌功能和零件是非常愚蠢的，Less is more，越简单体验感越好。不用键盘和手写笔，只通过手指触摸屏幕输入信息，这就是后来苹果团队花了 6 个月攻克的多点触控技术，这项成为代表个人计算和人机界面的下一代发展方向的技术，改变了人们的生活方式。

好奇心是创造一款好产品的驱动力，而对产品的极致追求则能成就产品的卓越。“我的工作并不是取悦别人，我的工作是让他们做得更好。”在苹果 Mac OS 界面的设计过程中，设计团队每周都会向乔布斯展示最新的设计方案，包括新界面中每个要素 (菜单、对话框、按钮等等) 的多个备选方案。通常，乔布斯都会提出很多改善意见，设计团队只有根据这些意见不断地修改，直到乔布斯满意，一个功能才能最后确定下来。

此外，量化思维也是解决问题的有效手段。在没有专业知识的前提下，研究和分析历史数据，而不是仅凭经验去解决问题，更利于科学决策和高效做事。

“你做事情不止需要好出 10%，而是要创造出十倍的价值。”马斯克在自传中写道，“你不能稍微好一点，而是要好很多。”他在商业上取得的成功几乎都与他对细节的高度关注和参与有关。他将自己原有的目标提高到十倍，再要求用比原来更短的时间完成任务。当你只专注于提高 10% 时，你会无可避免地对现有的东西进行评估，但如果要求你将事情做出 10 倍好的成绩，往往会激发出创造力和大胆的尝试。

对于航天产业来说，这是一个失败概率远大于成功概率的领域，面对不确定性，领军人物具有冒险精神非常重要。马斯克作为一个已经非常成功的企业家，为了研制火箭，拿出了几乎所有财富投入其中，在别人看来，这非常疯狂。当有人问他：你做这么多疯狂和不可思议的事，难道不担心失败吗？他回答：不，恰恰相反，这些事情失败的可能性远远大于成功的可能性，我之所以去做，不是因为这些事可以成功，而仅仅因为我想去做，那是我对于世界未来的主张。

未来可期

伟大的产品之所以伟大，正如创造它的人一样，是充满着对未来的好奇心，并不断驱使自己去追求极致，不断冒险，不畏艰难与挑战，这所有的一切才成就了产品的卓越与伟大。舒畅希望零壹空间的团队也应如此，在航天领域中，创造有价值的产品，卓越的产品。这是他们未来深耕的方向。

对于零壹空间来说，2020 年计划发射的 OS-X6B 火箭正是对产品价值创造理念的一次重要实践。

此前，团队对发射 OS-X6B 火箭的目的并没有一个清晰的认识，只是当成一枚普通的亚轨道火箭而展开论证和方案设计，对这枚火箭可以验证哪些技术，验证的技术如何与公司当前的产品战略契合，没有过深入的思考。

作为公司的首席产品经理，舒畅带领团队不断转变思维方式，让团队形成更强的产品思维，在这个启发过程中，技术人员才发现原来可以通过这个项目对相当多的技术进行验证和牵引，还有这么多工作可以借此机会深入开展，使 OS-X6B 成为一个有价值的项目。

很快，在产品思维的引导下，零壹团队在短时间内梳理完成了需验证的技术要点，并且明确了这些技术除了在 OS-X6B 火箭上产生价值以外，还能够在公司的其他产品方向上产生什么价值。

作为零壹核心产品方向之一的制导控制一体化产品，其核心技术与 OS-X6B 火箭的制导控制技术也高度契合，制导控制一体化产品组经过多轮讨论，结合制导控制一体化产品特点，从提高效能和降低成本两个方面提高产品的价值，最终采取了一种创新方案，此方案在亚轨道火箭领域是一次创新突破，可以为 OS-X6B 火箭节省几十万的成本，同时提高了火箭的载荷重量。这意味着 OS-X6B 火箭可以搭载更多用户的产品，大大提高了火箭的价值。

对于产品的极致追求，让零壹空间团队对公司“无畏极致”的企业精神有了更深刻的体会。在零壹空间，“以客户为中心”是开展一切工作的前提。做一个项目，发射一枚火箭，最重要的不是如何完成任务，而是如何创造价值，这才是公司能够长远、快速发展的关键。

第十章

从零到壹的坚守

我们靠自己的努力和汗水浇灌了这块盐碱地，从没有人愿意来，没有投资人愿意进入，到现在成为充满生机和活力的市场，正因为有我们这样一群人的坚持。我很感谢他们。

——舒畅

马斯克计划在 2019 年至 2024 年间在太空搭建由约 1.2 万颗卫星组成的“星链”网络，其中 1584 颗将部署在地球上空 550 千米处的近地轨道，并从 2020 年开始工作。2019 年 5 月 23 日晚，SpaceX 将首批 60 颗“星链”计划 (Starlink) 卫星送入太空，迈出构建全球卫星互联网的重要一步。

2020 年 1 月，SpaceX 成功地发射了“猎鹰 9 号”火箭，将 60 颗 Starlink 卫星全部送入轨道。这也是 SpaceX 发射的第四批 Starlink 卫星，使得目前在轨的卫星总数达到 240 颗。

随着小卫星技术的发展，越来越多的国家开始重视发展低轨道通信卫星。美国的“OneWeb”“StarLink”卫星，中国的“虹云工程”“鸿雁星座”等都是此类低轨道卫星通信星座。

据摩根士丹利称，卫星宽带行业（satellite-based broadband industry）2018 年的营收只有 40 亿美元，但随着网络规划的落实和消费者上网习惯的改变，到 2024 年该行业的营收预计将增至 220 亿美元，到 2029 年将增至 410 亿美元。这些星座计划发射的卫星规模数量少则几十颗，多则数百颗，将会带来商业发射机会的大幅增长。

国家队入局

2019 年 8 月 17 日中午 12 时 11 分，捷龙一号运载火箭在酒泉卫星发射中心成功组织发射，以“一箭三星”方式，将三颗卫星送入预定轨道。这是由中国航天“国家队”首次采用纯商业化模式执行的商业航天发射。

捷龙一号是中国运载火箭技术研究院采用商业化模式，面向商业小卫星市场打造的一款小型固体运载火箭。全长约 19.5 米，直径 1.2 米，起飞重量约 23.1 吨，这也是我国固体火箭中体积最小，重量最轻的火箭，可以实现 500 公里太阳同步轨道 200 公斤的运载能力。

价格低的优势在捷龙一号表现得尤为明显。在国际商业发射中，小型运载火箭发射报价一般为每公斤 2 万至 5 万美元。而捷龙一号现在的目标成本基本可达到 3 万美元 / 公斤，相比国内其他同类火箭，大幅降低了成本。

紧随其后，2019 年 9 月，中国航天科工集团的快舟一号甲以及航天科技集团的长征十一号分别以“一箭双星”和“一箭五星”的方式成功完成了商业发射任务。

根据公开报道，快舟一号甲发射报价不到 2 万美元 1 公斤，而快舟十一号的未来报价将不到 1 万美元 1 公斤。

10 月，航天科技集团有限公司正式发布了其面向商业发射领域专门打造的“龙”系列运载火箭——“捷龙”固体商业运载火箭系列、“腾龙”液体商业运载火箭系列的研制计划和未来发射计划，满足国内外日益增长的商业载荷入轨需求。

国家队的强势入局搅动了商业航天的一池春水。较低的发射报价增加了民营火箭公司的生存压力。但更积极的效应是，它提振了中国商业航天的士气，刺激商业卫星发射需求的增长。

当然，不同的民营企业会对此有不同的解读，这也体现着他们各自不同的发展路径。专注于液体火箭发射的企业会认为，国家队凭借其可靠性、价格低等优势，使得民营企业难以与其竞争，这已是一片红海，不容易进入。但对于坚持走固体火箭发射路径的企业来说，固体火箭发射市场依然处于成长阶段，只有当发射数量不断变大，刺激背后供应链成熟，真正的市场竞争关系才会形成。

总的来说，国家队的入局可以刺激更多的火箭发射需求，对商业航天来讲是一个积极的信号。

一个充满活力且带有良性竞争的中国商业航天市场正在慢慢形成。

一个亿的订单

2019 年，零壹空间收获了一个亿的订单，这其中包括宇航业务和火箭技术服务的业务，有望在 3 年内实现全面盈利，并计划在 5 年内实现科创板上市。

在舒畅看来，中国目前的商业火箭公司暂时没有颠覆式的技术创新出现，而如果一个行业没有颠覆式的技术创新出现，它的市场格局是不会改变的。正如中国运载火箭研究院的业务构成中，百分之十是宇航业务，百分之九十都是与火箭技术相关的业务。在舒畅看来，中国运载火箭研究院的格局，也是当前运载火箭企业所能达到的最好格局。

经历 4 年的发展，零壹空间在舒畅的带领下，先后在北京、重庆、西安、上海、长沙等地进行研发及营销体系布局，目前已建成火箭智能总装基地、飞行控制系统半实物仿真实验室、大型计算机超算中心、固体火箭发动机研制基地及空天电子产品相关试验设施，具备火箭技术开发的软硬件条件，是国内首家取得军工四证的民营火箭技术公司。并致力于打造信息化、智能化、实战化的“火箭 +”产业服务平台，开拓了火箭和总体设计、无线通信、智能控制、数据采集及试验测试系统、保障装备、固体动力 6 大技术领域。舒畅正在引领零壹空间一步一步走向集团化发展模式，并制定了公司的发展规划，以及与之匹配的市场与技术战略。

未来几年，零壹空间将专注在商业小卫星发射服务这个方向，做精做透产品，真正把航天技术商业化、民用化，利用技术创新创造更多的产品价值，成为中国航天的重要补充力量，也能将航天技术带进千家万户。

中期战略规划是稳固固体火箭的发射，做到既可以进行小卫星的专项发射，也能进行吨级以上的大卫星和组网卫星发射，这是零壹在发展中期想要实现的目标。而未来，关于月球，关于空间站，需要液体火箭的搭载才可以实现，在固体火箭做到成熟的情况下，零壹也在畅想着逐梦星辰的未来规划。

对投资人夏佐全来说，零壹空间未来具有广阔的发展空间。但作为商业航天公司，需要技术和团队的积累，学习老一辈航天人传承下来的东西，“至少八到十年才能成长为很好的企业。”

零壹空间要做航天界的华为，“我要做 30 年，我的规划是 2050 年我就退休。2049 年，建国 100 周年，零壹空间要成为世界一流的商业航天集团。”舒畅笑着说，自己和团队都还年轻，有后劲，这是最大的优势。未来将在合理的发展规划之下，抓住核心客户，同时分阶段进行技术研发，按照自己的节奏，踏实前进。

创业是长跑

“过去的几年，我们经历了很多，火箭首飞、市场布局、成立子公司、建设重庆总部，克服了很多只有我们自己知道的困难。我一直在想，如何才能带领这样一支优秀的队伍取得最终的胜利？今天看来，‘保持长跑的心态’可能是个不错的答案。”

“不要把长跑当短跑”，这是舒畅的创业信条。

在他看来，创业就像是跑一场马拉松，跑马拉松讲究的是节奏，最重要的是谁能取得最后的胜利。所以不要一开始就跑到第一位，但也不要落在最后，保持自己的节奏以及良好的心态，处于第一梯队，等到了最后阶段再发起冲刺，才有取得胜利的可能。

研制火箭亦是如此。OX-M 运载火箭首飞遗憾失败，同行在短短几个月之后发射成功，零壹被超越了。但作为一支年轻的队伍，舒畅一直在向团队传达要有长跑的心态，不必计较短时间内的被超越、被追赶，最重要的是瞄准并实现最终的目标。

面对客户，也同样要有长跑的心态。在业绩压力下，把精力放在短期难以攻克的重点客户身上，还是放在快速成单的机会型项目上？舒畅告诉员工，不必过多在意短期内错过一个非重点客户的合同，最关键的是在长跑的路上，哪些客户能助益企业实现最终目标。

对舒畅和零壹空间团队来说，不管是其他民营企业的发射成功，或是国家队的强势入局，都是一种积极的信号，当然也意味着更严峻的挑战。但作为中国商业航天民营企业的第一梯队，零壹空间始终在自己的节奏中前进，早已做好了随时迎战的准备。

这个平均年龄只有 30 岁的年轻团队，一直在吸收着和他们一样年轻，充满激情的伙伴，尽管他们很清楚，年轻人的培养需要周期，年轻人的进步难免要跌些跟头。但依然保持长跑的心态：若是想做一个 20 年、30 年的企业，那就应该大力培养青年员工。因为几乎所有长跑成功的企业，无一不是大力培养年轻人、应届生的。

人生何尝不是一次长跑？在宝贵的青春和人生中，每个人都要想清楚自己需要什么、坚持什么。短期和长期之间总归要有所取舍，放下一些东西，才能有所坚持。

“零壹空间的团队是正义的。我们是中国第一个营业执照写着干运载火箭的，我们也是公开举旗做运载火箭的第一个探路者。若干年后，人们回溯中国商业航天的发展故事，都会有一个绕不开的角色就是零壹空间。我觉得很有成就感，这对我来说比任何物质利益更重要。我们靠自己的努力和汗水浇灌了这块盐碱地，从没有人愿意来，没有投资人愿意进入，到现在成为充满生机和活力的市场，正因为有我们这样一群人的坚持。我很感谢他们。”

在纪录电影《变化中的中国 生活因你而火热》中，舒畅所“饰演”的角色是民营科研创业者，是在中国商业航天大潮中率先举旗的中坚力量，是中国新时代青年创业者的典型代表。

失败是航天探索的常态。零壹空间渴望一次成功，实现属于他们的从 0 到 1。

电影主题曲由新裤子乐队演唱，歌曲名依然是《生活因你而火热》。歌词简单却直击人心，就像这帮怀揣梦想，在欢笑和眼泪中追梦的年轻人们。

勇敢的你

站在这里

脸庞清瘦却骄傲

在这远方

没人陪伴

只有幻想和烦恼。

那些昙花一现的灿烂

是爆炸的烟火

那一团耀眼的火焰

在燃烧着你和我

那平淡如水的生活

因为你而火热。

电影最后，当航天专家孙家栋被问到“什么没有变？”的时候，这位 90 岁的老人笑着摸了摸鼻子，几秒停顿后，他语气坚定地说：

“这永恒的信念没变。”

附录

商业航天正发力

5 月 17 日，重庆零壹空间航天科技有限公司自主研制的首枚商业火箭“重庆两江之星”升空，并宣布发射成功。这引起了不少人的浓厚兴趣。毕竟在国内，民营企业研制火箭和卫星还不多见，加上马斯克的美国猎鹰火箭把商业航天的火越烧越旺，人们好奇：中国的商业航天会如何发力？

从数据看，刚刚发射的这枚“民营商业火箭”长 9 米，是单级火箭，飞行高度是在 100 公里的亚轨道以下，且不搭载卫星进入太空轨道，因此属于一次试验飞行。

这枚“民营商业火箭”有自己的特色，它将当前先进的工业基础、电子元器件和其他新技术应用在火箭研发全过程，并较大幅度地缩短了研制周期。这正反映了民营企业或民间资本进入商业航天领域的机会和优势：利用几十年积淀的航天基础设施、技术积累和现代材料、制造、信息等新技术，通过大的投入和人才汇聚，并配以市场化、商业化的运行机制，能够较快地获得突破。马斯克的美国太空探索技术公司的成功，也正得益于此。

迄今为止，人类探索和利用太空，形成了两大潮流：一方面利用大推力重型火箭的能力，去实现载人登月、探测火星乃至人类踏足火星的科学目标；另一方面，在越来越旺盛的微小卫星发射需求牵引下，发展经济、灵活、便捷的运载火箭，利用好近地空间的太空资源，这也是目前商业航天的主要“疆域”。正是看到商业航天对航天产业的撬动作用，对建设航天强国的推动效应，我国也在鼓励引导民间资本和社会力量参与航天活动，目的是通过激发包括航天“国家队”、科研院校和民企等多种创新主体的力量，让新科技和航天技术加速融合，在做大做强航天产业的同时，也促进航天技术的进一步创新跨越。

不过，商业航天不仅仅是发火箭、放卫星，还可通过航天科技成果的转化和应用来拓展，比如用好北斗卫星导航系统，或将遥感、通信、气象等卫星资源进一步细化、深化和扩大应用规模。航天技术的竞争舞台在太空，航天产业的竞争舞台在地球。发展商业航天，需要掌握自己的核心技术，形成核心竞争力，才能在全球航天领域获得市场份额和话语权。

在商业航天热潮涌动中，要避免搞一些短、平、快的项目吸引眼球、吸引资本，也避免低水平的重复。

航天是一个既能满足人们好奇心又能创造人类美好未来的领域，尤其需要长远的眼光和执着的耐心。

作者 余建斌

来源：《人民日报》（2018 年 05 月 18 日 11 版）

在天空写下“100万字”

5 月 17 日 7 时 33 分，中国首枚民营自主研发的商用亚轨道火箭“重庆两江之星”在西北某基地腾空而起，火箭在 306 秒飞行了 273 千米后，落入预定区域，实现了长时间的临近空间有控飞行，获取了大量真实飞行环境数据。

坐在控制室里，零壹空间创始人舒畅哭得稀里哗啦。几个小时后，他和创业伙伴一起踌躇满志地出现在新闻发布会上。路透社称，这是中国太空探索计划最新的里程碑。

在接受中国青年报·中青在线记者专访时，舒畅说，自己上一次这样哭得稀里哗啦，是 8 年前从北大光华管理学院毕业时，被时年 80 岁的经济学家厉以宁的毕业赠言打动了。

“你们不能天天想着沙滩和美女，因为你们接受了中国最好的教育。”那位中国最早提出股份制改革理论的著名学者，给毕业生定了“两个 100 万”的目标：挣 100 万的钱、写 100 万的字。

“挣 100 万元是对家庭、对自己的责任，对你们来说太简单。”厉以宁补充说，“要写 100 万字，就要追求不同，去做不同的事情，要不，有谁看？”

自此，如何做到“写 100 万字”成为舒畅的创业信条，“走不同的路”贯穿了他创业的各个阶段。在他看来，这“100 万字”就是他的火箭事业。

“会尝试让中国人坐上你们的火箭去俯瞰祖国吗？”中国青年报·中青在线记者问。

“我们眼下确实做不到。”顿了一下，他身体前倾，“以后，为什么不做呢？”

今年，舒畅33岁，他的团队平均年龄仅30岁。

这是中国商业航天历史性机遇，他嗅到了梦想的味道

舒畅儿时就对浩瀚宇宙充满好奇。2004年，他报考了北京航空航天大学的飞行器设计专业，主修飞机设计，尤其偏好设计战斗机。

刚入校，一位老师播放视频。“看到工程师做出的飞机成功上天后无比激动的场景，我也热血沸腾。”他回忆说，“当时我想，如果能设计飞机上天，那该多好！”

2006年，念大二的他萌生了创业的念头。办过夏令营，搞过外卖平台，还脑洞大开地做起了飞行员培训。2008年大学毕业，他加入了一家刚成立的创业公司，从事航空材料进出口。这一年的汶川地震给了他思想的“余震”：“人这么脆弱，想创业就要行动，万一死了呢？”

为了创业，他希望提升知识的结构和层次，报考北大的研究生，攻读经济硕士学位。

有“理工科+经济”知识背景的他到中国航天科技集团公司成

立的航天产业基金实习，靠踏实肯学，让本来不招应届生的航天产业基金破例招收了他。

他成为我国火箭、导弹、卫星“国家队”中的一员，在航天行业及其技术领域投资，有机会从产业视角审视这个貌似高不可攀的行业。

这是一个怎样的行业？传奇人物埃隆·马斯克和创立亚马逊的杰夫·贝索斯在此“相爱相杀”，两个人的竞争让商业火箭将通信卫星送入预定轨道，甚至让火箭实现回收，极大地降低了发射成本，普通人乘坐火箭升空的夙愿很快就将实现。

天空展露出巨大的商机，舒畅嗅到了梦想的味道，“计算机问世之初普通人也只能仰望，后来却造就了巨大的商业王国，改变了人类的生活。航天行业会重复同样的故事吗？”他发现，中国有很多航天爱好者团体，却没有做火箭的民营企业，“这是一个历史性的机遇”。

勇敢去蹚这条路，三个理由让他选择坚持

舒畅试图在民营航天领域创业，“此前都不敢动这个念头。直到 2014 年，受到马斯克和他的 SpaceX 的激励，我才敢做这个梦！”

每个创业都充满了未知的探险，航天行业尤甚。即便“钢铁侠”般强大的马斯克，也伴随着很多争议。但是，科班出身并从业多年的他相信自己的判断。

他做过很多调研，“几乎所有人都认为中国和美国的国情不一样，

中国不可能有私营火箭公司。”但三个理由让他选择坚持。

一是经费。“大家都认定这事很烧钱，但 SpaceX 从 2002 年创业到 2008 年首飞只用了 1.5 亿美元，约合人民币 10 亿元。”他说，“如果用 10 亿元在中国打造一家一流的火箭公司，非常有社会价值，单纯看投入，这个量级在中国并不罕见。”

二是技术。“大家担心能否造出火箭。”舒畅大量走访，“我的大学老师马超做过火箭，他认为火箭技术已经比较成熟，‘十二五’期间，我国发了 100 多发火箭，无一失败。只要找到足够的人才，技术并不是问题。”

三是政策。“民企在高度竞争的领域有优势，航天领域也一样，问题在于准入。”他发现，航天最发达的美国把探月等交给 NASA（美国航空航天局），而将发卫星这种要靠成本、效率解决的问题交给商业公司。“我研究后，发现我国的航天相关政策并不拒绝民营企业，还有文件鼓励社会资本进入卫星研制和发射领域。”

“我看好这个机会，认定商业航天是历史潮流，所以不能等。我得勇敢地去蹚这条路，做先行者。做不成先驱，我也愿意做先烈。”他说，“只要我能说服自己，觉得我的逻辑认为这是 OK 的，就要坚持。”

“做不同的事情去写 100 万字”激励他作出抉择。“我对这话特别有感悟，也一直不走寻常路。”舒畅在大学时，只要发现了一条路更近、更美或者人更少，就一定会去走，“为什么要沿着大家习惯走的路呢？”

在他看来，创业就是要敢于去碰看起来不可能的事情，“感觉不可能，是因为存在一种恐惧，不少人就认定别想了。为何不问问自己：你喜欢吗？喜欢就做吧。”

“去做一些别人不曾做或觉得不可能的事情，人家才会愿意读你的 100 万字。”于是，他一头扎了进去。

“传统上研制一个发动机可能需要3年，我们就9个月”

尽管并非一帆风顺，但舒畅和他创立的公司很快就表现出超凡的效率。

他邀请马超担纲技术，组建了 10 多人的团队，又吸引到春晓资本、哈工大、联想之星 1500 万元的天使轮融资，公司有了雏形。

2016 年 5 月，公司仅 20 多人，也名不见经传，却得到了官方的关注和支持，尤其是重庆两江新区，显示出巨大的诚意。

这是我国第三个国家级新区，也是我国内陆地区第一个国家级开发开放新区。新区内的航空航天产业园做发动机、钛合金、通航、跑道、飞机维修等的配套完备，生态链很好。

“我们想成长为国际化的公司，重庆是直辖市，又处在一带一路的关键节点。同时，重庆人比较火辣，我们做的事情也需要‘血性’，一拍即合。”舒畅决定将生产基地设立在重庆两江新区，随即进入发展的快车道。

此后，公司顺利完成多轮融资，总额已超过 5 亿元。

“回头看，我很庆幸，感觉只要坚持下来，所谓不可能其实没那么难。”他说，对于民营航天而言，资本、技术、政策都是瓶颈，“但人才是关键”。

“我们并不靠高薪吸引人才，很多人还是降了工资来的。”他说，很多从事运载火箭研究的年轻人，都因为梦想和情怀而加盟。

在舒畅看来，公司之所以创立不久就完成自主研发出火箭并成功首飞，是因为团队有好的技术，国家有成熟的产业链，“设计出来就有人可以制造出来，其他国家就未必能行。”

“民企的运行效率也至关重要。”他分析说，传统上研制一个发动机可能需要 3 年，“我们就 9 个月。”因为公司有扁平化的运行机制，总设计师直接管几十位设计人员，分成几个部门，沟通异常高效，节约了大量时间，“大家站黑板那儿一画，总设计师现场拍板就定了”。

在舒畅看来，这种体制优势会让民营航天迸发出极大活力。

“我们不是确定一个任务，产品定型了，交付后就束之高阁。”他表示，首飞成功实现了从 0 到 1 的突破，定格 X 系列的 1.0 版本。此后会优化提升，“今年 8 月的第二批发射，就升级成 2.0 版，以后一直创新、改进，向前迭代”。

“不断推陈出新的迭代当然有风险，但我们勇于应对，迭代才能提升性价比，有更强的市场竞争力。”为此，公司需要建立敢于应战和接受失败的文化。

“2016 年年底，我们决定自己研制发动机，同事不相信项目负责人能干成，我在台上代表公司表态‘毫无保留’地支持他放手干，如果点一发点不成，再点第二发，点第三发，不要怕失败！我这么年轻，也没当过这么大公司的 CEO，我为什么相信自己能搞好，却不相信你呢？”

发射前，他们也考虑到可能会失败。“此前就有理性的措施，如果失败了，备份产品很快就可以进行第二次发射，资金也做好了安排。”

“公司要做好失败的准备，团队要接受可能的失败，我们也希望媒体和社会宽容我们以后可能的失败，真要失败了，那还得继续往前干，站起来再打一发。”舒畅表示，这一发火箭都是自主研发的，很多单机比国家队产品的集成度都要高，新技术、新产品的探索加大了失败的风险。

创业起步要踩实，问题论证清楚再行动

从最开始，舒畅就试图为创业植入“与别人不同”的基因。

从技术参数看，舒畅和他的团队发射的第一发火箭，与埃隆·马斯克当年的第一发大体相当，但两者其实相去甚远，“我们做火箭，就是遵循科学去设计制造，将客户的东西可靠地送到指定位置，而不是复制某款火箭，我们不需要一个样。”

“全世界都没有我们的 X 系列这样的产品，专门服务科研领域的飞行验证，这样的细分领域，我们算是第一个。”他说，“M 系

列可能是全世界总价最低的一款火箭，但是性能还很好。”

舒畅建议有雄心创业的青年努力做到与别人不同。同时，虽然创业需要赚钱，但并不是重大抉择都取决于钱。

“我研究生毕业后做了 3 份工作，从航天到联想，工资下降了 30%，从联想出来创业，基本上没有工资。”他说，“我并不是不在意钱，而是不希望钱影响到选择。”

“我从未想过挣不到 100 万元，担心的是写不好 100 万字。如果站起来就够得着，那不是好的创业目标，会让你懒惰。要定一个通过较长时间的拼搏才能够到的目标。”他说，如果做出与众不同但能解决需求的产品，必然能赚更多钱。

“我建议创业起步要踩实，一定要把问题论证清楚再行动，而不是一冲动就去干，因为创业太难。”他说，前端论证越充分，未来战略就越清晰，“我们今天的很多战略，在成立时就想得挺明白了，一直沿着往前走”。

中国青年报·中青在线记者　田文生

来源：中国青年报（2018 年 05 月 29 日 05 版）

海内外媒体纷纷点赞
“重庆两江之星”号火箭成功发射

5 月 17 日，中国首枚民营商业自主研发火箭——“重庆两江之星”号在中国西北某基地点火升空。

作为中国航天史上的里程碑事件，“重庆两江之星”号成功发射引发海内外媒体广泛关注。

海内外媒体点赞火箭发射

重庆日报记者发现，此次“重庆两江之星”号火箭发射成功，境外媒体普遍都给予了掌声。

如英国路透社 17 日报道称，中国首枚自主研发的民营商业火箭在 17 日发射成功，这是中国太空探索计划最新的里程碑。

又如《耶路撒冷邮报》17 日报道称，中国一直将发展航空航天技术视为首要任务，并确定了在 2022 年前后建成和运营近地载人空间站的目标。此次发射的“重庆两江之星”号是中国首枚由民营公司发射成功的商业火箭，它促进了中国航空航天产业的发展。

而美国 CNN 网站更是早在 16 日就关注“重庆两江之星”号火箭，并在报道中介绍了火箭的部分参数，以及主要用途。

还有，日本 NHK、日经社、芬兰“太空新闻”网站等上百家海外媒体也对此事件高度关注，为火箭发射成功以及重庆布局相关产业点赞。

而在国内媒体方面，人民日报、新华社、中央电视台、中国日报、中新社等 300 多家媒体推出重点报道，新华社、中新社、人民网、新华网等推出专题专版 20 多个，中央电视台一、二、四套滚动播出 10 多次，称赞两江之星是“民营首发，中国商业航天史的重要时刻和崭新起点，充分凸显了市场的力量和重庆的创新环境。”新华社电讯通稿转载达到 70 多家，覆盖国内主要媒体和网站。

重庆航空航天产业已具雏形

随着“重庆两江之星”号火箭发射成功，零壹空间在两江新区布局的火箭基地，也于近日正式动工。

该项目位于航空产业园零壹空间研发制造基地，占地 100 亩，初期投资 2.5 亿元，将建设研发中心、数字化智能制造总装中心、测试中心、飞行器控制与仿真中心和专用实验室等，建成达产后年产值 15 亿元人民币，为重庆航空航天产业翻开了崭新的一页。

零壹火箭项目基地一期用地 50 亩现已正式开工建设，预计 2018 年年底正式投用，届时将拥有年产 30 发运载火箭总装测试及试验能力。零壹空间是国内首家拥有完整的火箭研发、设计、生产、总装等自主知识产权的民营企业，即将成为国内首家完成自研火箭发射的民营企业，并通过首飞活动提升两江新区商业航天产业影响力。

“可以说，重庆已初步具备支撑航空航天产业的基础。”重庆两江航空产业投资集团有限公司负责人说，两江新区拥有的通用航空、高端装备、电子信息等具有国际竞争力的新兴产业集群区位优势，将成为“两江造”零壹火箭的强大助推器。

对零壹空间在重庆两江新区的布局，业内人士认为是“强强联合”，不但有力推动了重庆的高质量发展，而且也较好地利用了当地雄厚的制造业基础，并依托重庆的“两点”定位，迅速扩展自身的品牌影响力。

新兴产业“加速跑”

借火箭涉足航空航天，只是重庆新兴产业发展势头强劲的一方面体现。

无独有偶，5 月 19 日，人民日报头版刊发报道《以大数据智能化为引领 重庆抓住机遇发展新兴产业》，为重庆点赞。

如人民日报在报道中提到“智能化工厂越来越多，北京现代重庆工厂车间里，冲压、焊接、喷涂、交叉生产、机加工 100% 自动化，六轴机器人操作误差不超过 0.2 毫米。”以智能化引领的重庆的机器人产业，越来越有看头。

在工业机器人领域，重庆已初步形成研发、整机制造、系统集成、零部件配套、应用服务全产业体系。通过对智能产业载体的培育塑造，包括永川国家机器人新型工业示范基地、两江新区智能制造及机器人产业园在内的多个专业突出的智能特色园区发展良好。

市经信委提供的数据显示，截至 2017 年，我市工业机器人企业突破 120 家，2017 年工业机器人产值共 79.8 亿元人民币，同比增长 33%。

与此同时，重庆的大数据产业发展如火如荼。同样来自市经信委的数据显示，目前，重庆共有大数据智能化产业企业约 3000 家，其中，规模以上企业约 900 家。据统计，2017 年，全市大数据智能化产业实现销售收入约 3500 亿元，同比增长 30% 左右，增速快于全市规模工业产值增速 20 个百分点；2018 年，预计全市大数据智能化可实现销售收入约 4500 亿元。

据悉，为推动智能产业快速发展，重庆遴选了大数据、人工智能、智能机器人、智能网联汽车、集成电路、智能硬件、智能制造装备等 12 个产业予以重点推进，发展目标是到 2020 年实现产值 7500 亿元、力争到 2022 年突破 1 万亿元。

来源：重庆日报 首席记者 陈钧 记者 杨骏

2018 年 05 月 21 日 第 006 版

后记

到太空去，是每个航天人的梦想，也是每个民营商业航天公司奋斗的终极目标。

当你看到这本书的时候，马斯克和他的 Space X 已经成功地让两名航天员搭乘由 Space X 制造的太空舱，飞往了国际空间站，让美国实现 9 年来首次无须依靠俄罗斯火箭，从本土发射太空舱载送航天员执行太空任务。

在商业航天领域，马斯克一路领先，不断创造奇迹，成为时代先锋。但不管从他的创业经历，抑或是他所处的国家体制、行业背景以及他的个人特质等各方面来看，马斯克和 Space X 都难以复制。

因此，最初面对被媒体称为“中国的 Space X”的零壹空间，和被冠以“中国版埃隆·马斯克”的创始人舒畅，好奇之外，我内心保留了更多疑问。

“如何评价中国首家民营航天科技公司零壹空间（One Space）”，在知乎平台上，有这样一个帖子曾引发激烈讨论。

帖子发布的时间是 2015 年，但有关这个问题的讨论却一直延续到 2018 年。这也是零壹空间从创立到首飞成功的第一个 3 年。

有趣的是，帖子下面的回答呈现出两极分化的态势，回答者对于这个问题的态度并不统一，质疑、批评、中立、观望、支持、鼓励，各种不同的态度你都可以在这个帖子下面看到。

作为一个外行人、旁观者，我走进商业航天行业，走进这个年轻的团队，想确认对这家公司最客观的评价。

在采访的过程中，我逐渐发现，知乎帖里两极分化的评价，不只零壹空间，而是几乎所有在商业航天领域摸索的创业公司都曾或都将面对的。

马斯克和Space X也走过同样的路，也曾经历漫长黑夜。在中国，舒畅和零壹空间打破了商业航天的长夜，举旗呐喊，走在了这个队伍的最前面。

而这本书，则记录了这家年轻的公司每一步前进的脚印，每一次跌倒，每一个转弯。可以说，零壹空间在商业航天领域的探索之路，也反映着中国民营商业航天的发展轨迹。从2015年成立到现在5年时间，它还远谈不上成功，但如果想要了解中国民营商业航天的发展历程，舒畅和零壹空间一定是不可或缺的一页。

伟大都是熬出来的，投身于商业航天领域，对于创业者来说意味着更漫长的等待，更持久的孤独，以及无法预估的意外与风险。

这不是“中国版Space X”的故事，而是一个年轻团队在中国商业航天领域“从零到壹”的成长记录。

从0到1，本身就是一次伟大的实践。在逐梦星辰大海的路上，我有幸参与其中，自当有记录它的责任。

知名财经作家吴晓波老师曾在《腾讯传》后记中写道：“每一次

创作都是遗憾的艺术，我们永远无法穷尽事实的真相。”对我来说，这本书一定也留有很多遗憾，但在尽力做到保有数据和细节的真实，希望能够让人感受到它的真诚。

在本次创作过程中，要感谢的对象名单很长。

我要感谢零壹空间以及舒畅对我工作的支持，在把公司对我开放的情况下配合创作，并且不会对我的创作观点予以过多干涉。感谢零壹空间团队里接受采访的每一个人，和我讲述他们的故事，为我串起这家年轻公司的成长线；感谢零壹空间业务创新部（现为客户研究中心），不厌繁琐地安排约谈时间和各项资料素材汇集。在此期间，我感受到了这家公司的坦诚，也能够体会他们在前行中的徘徊与突破。

感谢经济日报出版社韩文高社长，这本书在创作之初就得到了他的支持和推动，为我奠定了创作的信心；感谢本书的策划 / 责任编辑郭明骏女士，以及她带领的企业编辑部，为这本书付出了很多心血，贡献了很多想法，使它能够更加完整地呈现在读者面前。

最后，要感谢每一位在我创作期间，给予我帮助和鼓励的家人、朋友，是你们让我有了坚持写下去的动力。

“所谓创业，就是嚼着玻璃，凝视深渊。”这是马斯克的感悟，也是舒畅和零壹空间的坚守与信仰。

未来，他们终会拥抱星辰大海。

郝 杰

2020 年 9 月 19 日 于北京